大方廣佛華嚴經

일러두기

1. 『대방광불화엄경 강설』원문原文의 저본底本은 근세에 교정이 가장 잘 되었다고 정평이 나 있는 대만臺灣의 불타교육기금회佛陀教育基金會에서 출판한 『화엄경소초華嚴經疏鈔』본입니다.

2. 『대방광불화엄경 강설』은 실차난타實叉難陀가 695년부터 699년까지 4년에 걸쳐 번역해 낸 80권본卷本 『대방광불화엄경』을 우리말로 옮기고 강설을 붙인 것입니다.

3. 『대방광불화엄경』은 애초 산스크리트에서 한역漢譯된 경전이지만 현재 산스크리트본은 소실된 상태입니다. 산스크리트를 음차한 경우 굳이 원래 소리를 표기하려고 하기보다는 『표준국어대사전』이나 『불교사전』 등에 등재된 한자음을 사용하는 것을 원칙으로 하였습니다.

4. 경문의 한글 번역은 동국역경원본을 참고하여 그대로 또는 첨삭을 하며 의미대로 번역하고 다듬었습니다.

5. 각 품마다 내용에 따라 단락을 나누고 제목을 달았습니다. 단락의 제목은 주로 청량淸凉스님의 견해에 기초하였고 이통현李通玄장자의 견해를 참고로 하였습니다.

6. 『대방광불화엄경 강설』의 발행 순서는 한역 경전의 편재 순서를 기준으로 하였고 각 권은 단행본 한 권씩으로 출간될 예정이며 모두 80권으로 완간됩니다. 다만 80권본에 빠져 있는 「보현행원품」은 80권본 완역 및 강설 후 시리즈에 포함돼 추가될 예정입니다.

7. 『대방광불화엄경 강설』 안에서 불교용어를 풀이한 것은 운허스님이 저술하고 동국역경원에서 편찬한 『불교사전』을 인용하였습니다.

8. 각주의 청량스님의 소疏는 대만에서 입력한 大方廣佛華嚴經 사이트의 것을 사용하였습니다.

9. 『대방광불화엄경 강설』 입법계품에 들어가는 문수지남도는 북송北宋시대 불국佛國선사가 선재동자가 53명의 선지식을 친견하여 법을 구하는 장면을 하나하나 그림으로 그린 것입니다.

대방광불화엄경 강설
제 10 권

五. 화장세계품華藏世界品 3

실차난타實叉難陀 한역
무비스님 강설

서문

　화장장엄세계란 우리가 살고 있는 우리 주변의 천지만물과 산천초목, 이 모든 것입니다. 작게는 눈에 보이지도 않는 세포 하나하나에서부터 크게는 수백 억 광년 저 멀리에 있는 무수한 별들에 이르기까지 모두가 화장장엄세계입니다. 이들 모든 화장장엄세계에 무거운 은혜를 입고 살아갑니다. 그러므로 일체 화장장엄세계에 깊이 감사드립니다.

　화엄경 강설이 이제 열 권째에 이르렀습니다. 열 권의 강설 책이 나오기까지 가깝고 먼 수많은 화엄성중님들의 은혜를 입었습니다. 참으로 아름답고 향기로운 꽃으로 장엄한 성스러운 대중들입니다. 저의 오늘이 있기까지 일일이 다 열거하지 못하는 수많은 스승님과 도반님들에게 진심 어린 감사를 올립니다.

병고를 앓기 이전부터 법당 마련 등 큰 은혜를 입으며 함께해 온 금요법회 법우님 여러분들께 감사드립니다. 오늘 이 시간까지도 화엄경 공부를 함께하고 있음에 더욱 감사드립니다.

문수경전연구회에서 화엄경 공부를 함께하는 여러 스님들께 참으로 깊은 감사를 드립니다.

오랜 투병 생활을 묵묵히 지켜보며 알게 모르게 조금이라도 도움을 주고자 여러 부분으로 마음 쓰시는 모든 분들께 진심 다해 감사드립니다.

화엄경 공부 시간에 말없이 봉사하시는 봉사자 화엄성 중님들께 감사드립니다. 고맙습니다.

무엇보다 다음 카페 '염화실' 회원 모든 분과 얼굴 한번 보지 못하였으나 끊임없이 녹취하여 글을 올리고 댓글을 달아서 많은 법우님들이 함께 공부할 수 있게 해 준 모든 분들에게 진심으로 감사드립니다.

화엄경 강설 책이 나오기까지 여러 가지로 애쓰시는 담앤북스 출판사 관계자 여러분들께 큰 감사를 드립니다.

이 81권 화엄경 강설이 다 출판되기까지 꼼꼼한 교정을 스스로 맡아 애쓰시는 원력보살님들께 심심한 감사의 인사를 드립니다.

그동안 화엄경 강설을 구입하여 공부하고 계시는 독자 여러분들에게도 무한한 감사를 드립니다.

혹은 이미 잘 아는 분들과 또는 전혀 모르는 분들의 소리 없는 무주상無住相 동참으로 염화실지와 화엄경 강설과 사경 책 등 각종 불서를 법공양할 수 있게 해 주신 분들께도 깊은 감사를 드립니다. 저의 원력이 법공양 운동이기에 더욱 고맙게 생각합니다.

이 외에도 미처 생각하지 못한 유연有緣 무연無緣의 모든 분들께도 감사의 말씀을 드립니다.

여러분들은 진실로 아름답고 향기로운 꽃으로 장엄한 성스러운 대중, 화엄성중이십니다. 여러분들이 계셔서 이 세상을 화엄경으로 꽃 장엄을 하게 되었습니다. 참으로 화장장엄세계입니다. 이 모든 은혜를 어떻게 갚아야 할지 참으로 그 빚이 태산 같습니다.

모든 불보살님들과 일체 화엄성중님들의 가호 아래 이 불사를 원만 성취하여 저의 임무를 다하는 것으로 은혜에 보답하겠습니다. 감사합니다. 감사합니다. 감사합니다.

2014년 7월 1일

신라 화엄종찰 금정산 범어사

如天 無比

대방광불화엄경 목차

제1권	1. 세주묘엄품世主妙嚴品 [1]	제18권	18. 명법품明法品
제2권	1. 세주묘엄품世主妙嚴品 [2]	제19권	19. 승야마천궁품昇夜摩天宮品
제3권	1. 세주묘엄품世主妙嚴品 [3]		20. 야마천궁게찬품夜摩天宮偈讚
제4권	1. 세주묘엄품世主妙嚴品 [4]		21. 십행품十行品 [1]
제5권	1. 세주묘엄품世主妙嚴品 [5]	제20권	21. 십행품十行品 [2]
제6권	2. 여래현상품如來現相品	제21권	22. 십무진장품十無盡藏品
제7권	3. 보현삼매품普賢三昧品	제22권	23. 승도솔천궁품昇兜率天宮品
	4. 세계성취품世界成就品	제23권	24. 도솔궁중게찬품兜率宮中偈讚
제8권	5. 화장세계품華藏世界品 [1]		25. 십회향품十廻向品 [1]
제9권	5. 화장세계품華藏世界品 [2]	제24권	25. 십회향품十廻向品 [2]
제10권	**5. 화장세계품華藏世界品 [3]**	제25권	25. 십회향품十廻向品 [3]
제11권	6. 비로자나품毘盧遮那品	제26권	25. 십회향품十廻向品 [4]
제12권	7. 여래명호품如來名號品	제27권	25. 십회향품十廻向品 [5]
	8. 사성제품四聖諦品	제28권	25. 십회향품十廻向品 [6]
제13권	9. 광명각품光明覺品	제29권	25. 십회향품十廻向品 [7]
	10. 보살문명품菩薩問明品	제30권	25. 십회향품十廻向品 [8]
제14권	11. 정행품淨行品	제31권	25. 십회향품十廻向品 [9]
	12. 현수품賢首品 [1]	제32권	25. 십회향품十廻向品 [10]
제15권	12. 현수품賢首品 [2]	제33권	25. 십회향품十廻向品 [11]
제16권	13. 승수미산정품昇須彌山頂品	제34권	26. 십지품十地品 [1]
	14. 수미정상게찬품須彌頂上偈讚品	제35권	26. 십지품十地品 [2]
	15. 십주품十住品	제36권	26. 십지품十地品 [3]
제17권	16. 범행품梵行品	제37권	26. 십지품十地品 [4]
	17. 초발심공덕품初發心功德品	제38권	26. 십지품十地品 [5]

제39권	26. 십지품十地品 [6]
제40권	27. 십정품十定品 [1]
제41권	27. 십정품十定品 [2]
제42권	27. 십정품十定品 [3]
제43권	27. 십정품十定品 [4]
제44권	28. 십통품十通品
	29. 십인품十忍品
제45권	30. 아승지품阿僧祇品
	31. 여래수량품如來壽量品
	32. 보살주처품菩薩住處品
제46권	33. 불부사의법품佛不思議法品 [1]
제47권	33. 불부사의법품佛不思議法品 [2]
제48권	34. 여래십신상해품如來十身相海品
	35. 여래수호광명공덕품如來隨好光明功德品
제49권	36. 보현행품普賢行品
제50권	37. 여래출현품如來出現品 [1]
제51권	37. 여래출현품如來出現品 [2]
제52권	37. 여래출현품如來出現品 [3]
제53권	38. 이세간품離世間品 [1]
제54권	38. 이세간품離世間品 [2]
제55권	38. 이세간품離世間品 [3]
제56권	38. 이세간품離世間品 [4]
제57권	38. 이세간품離世間品 [5]
제58권	38. 이세간품離世間品 [6]
제59권	38. 이세간품離世間品 [7]
제60권	39. 입법계품入法界品 [1]
제61권	39. 입법계품入法界品 [2]
제62권	39. 입법계품入法界品 [3]
제63권	39. 입법계품入法界品 [4]
제64권	39. 입법계품入法界品 [5]
제65권	39. 입법계품入法界品 [6]
제66권	39. 입법계품入法界品 [7]
제67권	39. 입법계품入法界品 [8]
제68권	39. 입법계품入法界品 [9]
제69권	39. 입법계품入法界品 [10]
제70권	39. 입법계품入法界品 [11]
제71권	39. 입법계품入法界品 [12]
제72권	39. 입법계품入法界品 [13]
제73권	39. 입법계품入法界品 [14]
제74권	39. 입법계품入法界品 [15]
제75권	39. 입법계품入法界品 [16]
제76권	39. 입법계품入法界品 [17]
제77권	39. 입법계품入法界品 [18]
제78권	39. 입법계품入法界品 [19]
제79권	39. 입법계품入法界品 [20]
제80권	39. 입법계품入法界品 [21]
제81권	40. 보현행원품普賢行願品

대방광불화엄경 강설 제10권

五. 화장세계품 華藏世界品 3

13. 화장세계의 규모 2

  1) 이구염장향수해와 그 다음 향수해 ············· 15
  2) 무진광명륜향수해와 그 다음 향수해 ············ 24
  3) 금강염광명향수해와 그 다음 향수해 ············ 32
  4) 제청보장엄향수해와 그 다음 향수해 ············ 39
  5) 금강륜장엄저향수해와 그 다음 향수해 ·········· 46
  6) 연화인다라망향수해와 그 다음 향수해 ·········· 50
  7) 적집보향장향수해와 그 다음 향수해 ············ 56
  8) 보장엄향수해와 그 다음 향수해 ················ 63
  9) 금강보취향수해와 그 다음 향수해 ·············· 69
  10) 천성보첩향수해와 그 다음 향수해 ············· 76
  11) 화장세계의 총결 ···························· 84

14. 게송으로 거듭 밝히다

  1) 화장세계의 자체 ·· 88

  2) 세계종 ··· 89

  3) 각각 다른 세계 ··· 94

    (1) 비유 ··· 95

    (2) 염정의 차별 ·· 102

    (3) 성괴의 차별 ·· 106

    (4) 고락의 차별 ·· 108

  4) 세계의 미세 ·· 113

  5) 세계의 체성 ·· 115

  6) 세계의 장엄 ·· 120

  7) 세계의 형상 ·· 127

  8) 세계가 머무는 겁 ··· 133

  9) 부처님의 출현 ·· 134

  10) 광명의 유무 ·· 139

  11) 악도의 악성 ·· 145

  12) 천도의 천성 ·· 147

  13) 불보살의 아름다운 소리 ································ 149

대방광불화엄경 강설

제10권

五. 화장세계품 3

화장세계품華藏世界品은 80권 화엄경에서 세 권이나 된다. 이제 화장세계의 이야기를 마무리하는 내용이다. 화장세계의 규모는 오늘날 지름이 10미터가 넘는 천체망원경으로 볼 수 있는 수백 억 광년의 거리보다도 더 먼 거리에 있는 세계까지 설명하고 있다. 경전에서 흔히 "불찰미진수 세계가 둘러싸고 있다."거나 또는 "불찰미진수 세계를 지나서 또 세계가 있다."거나 "말할 수 없는 불찰미진수"라고 하는 설명이 그것이다. 사람의 안목과 생각과 마음이 이처럼 광대무변하게 펼쳐져서 구석구석까지 살필 수 있음을 보여 준 것이리라.

13. 화장세계의 규모 2

1) 이구염장離垢焰藏향수해와 그 다음 향수해

爾時_에 普賢菩薩_이 復告大衆言_{하사대} 諸佛子_야
彼離垢焰藏香水海東_에 次有香水海_{하니} 名變化
微妙身_{이요} 此海中_에 有世界種_{하니} 名善布差別方_{이니라}

그때에 보현보살이 다시 대중들에게 말하였습니다. "모든 불자들이여, 저 이구염장離垢焰藏향수해 동쪽에 다음 또 향수해가 있으니 이름이 변화미묘신變化微妙身이요, 이 바다 가운데 세계종이 있으니 이름이 선포차별방善布差別方이니라."

20층의 세계를 받치고 있는 모든 세계종은 또 각각 향수해 위에 있다. 그 모든 향수해마다 이름이 있다. 그 낱낱 향수해와 세계종을 설명하고 있다.

次有香水海_{하니} 名金剛眼幢_{이요} 世界種_은 名莊嚴法界橋_{니라}

"다음에 또 향수해가 있으니 이름은 금강안당金剛眼幢이요, 세계종의 이름은 장엄법계교莊嚴法界橋이니라."

次有香水海_{하니} 名種種蓮華妙莊嚴_{이요} 世界種_은 名恒出十方變化_{니라}

"다음에 또 향수해가 있으니 이름은 종종연화묘장엄種種蓮華妙莊嚴이요, 세계종의 이름은 항출시방변화恒出十方變

化이니라."

차유향수해   명무간보왕륜   세계종   명
次有香水海하니 **名無間寶王輪**이요 **世界種**은 **名**
보련화경밀운
寶蓮華莖密雲이니라

 "다음에 또 향수해가 있으니 이름은 무간보왕륜無間寶王輪이요, 세계종의 이름은 보련화경밀운寶蓮華莖密雲이니라."

차유향수해   명묘향염보장엄   세계종
次有香水海하니 **名妙香焰普莊嚴**이요 **世界種**은
명비로자나변화행
名毘盧遮那變化行이니라

 "다음에 또 향수해가 있으니 이름은 묘향염보장엄妙香焰普莊嚴이요, 세계종의 이름은 비로자나변화행毘盧遮那變化行이니라."

_{차 유 향 수 해}　　_{명 보 말 염 부 당}　　_{세 계 종　명}
次有香水海하니 **名寶末閻浮幢**이요 **世界種**은 **名**

_{제 불 호 념 경 계}
諸佛護念境界니라

 "다음에 또 향수해가 있으니 이름은 보말염부당寶末閻浮幢이요, 세계종의 이름은 제불호념경계諸佛護念境界이니라."

_{차 유 향 수 해}　　_{명 일 체 색 치 연 광}　　_{세 계 종}
次有香水海하니 **名一切色熾然光**이요 **世界種**은

_{명 최 승 광 변 조}
名最勝光徧照니라

 "다음에 또 향수해가 있으니 이름은 일체색치연광一切色熾然光이요, 세계종의 이름은 최승광변조最勝光徧照이니라."

_{차 유 향 수 해}　　_{명 일 체 장 엄 구 경 계}　　_{세 계 종}
次有香水海하니 **名一切莊嚴具境界**요 **世界種**은

명보염등
名寶焰燈이니라

"다음에 또 향수해가 있으니 이름은 일체장엄구경계一切莊嚴具境界요, 세계종의 이름은 보염등寶焰燈이니라."

여시등불가설미진수향수해 기최근윤위
如是等不可說微塵數香水海에 **其最近輪圍**

산향수해 명파려지 세계종 명상방광명
山香水海는 **名玻瓈地**요 **世界種**은 **名常放光明**이니

이세계해청정겁음성   위체
以世界海淸淨劫音聲으로 **爲體**하나라

"이와 같이 말할 수 없는 불찰미진수 향수해가 있는데 윤위산輪圍山에 가장 가까운 향수해는 이름이 파려지玻瓈地이요, 세계종의 이름은 상방광명常放光明이니라. 세계바다의 청정한 겁의 음성으로 체성을 삼았느니라."

향수해와 세계종이 계속하여 펼쳐져 있음을 설명하고 나서 "이와 같이 말할 수 없는 불찰미진수 향수해가 있는데 윤

위산輪圍山에 가장 가까운"이란 내용을 다시 설명하면 이렇다. 하나의 화장세계는 맨 밑에 풍륜이 있고, 그 위에 향수해가 있고, 그 위에 큰 연꽃이 있다. 이 연꽃은 무어라고 설명할 수 없으리만치 크고 또 크다. 그 안에 대윤위산이 돌아가면서 있고 대윤위산 안에는 다시 또 무수한 향수해가 있다. 그 대윤위산의 가장자리에 있는 향수해의 이름이 "파려지玻瓈地"다. 일일이 설명하기가 번거로워서 중앙에서 맨 끝에 있는 향수해의 체성을 설명하였다.

차중최하방 유세계 명가애락정광당
此中最下方에 **有世界**하니 **名可愛樂淨光幢**이라

불찰미진수세계 위요 순일청정 불호
佛刹微塵數世界가 **圍遶**하야 **純一淸淨**하니 **佛號**는

최승삼매정진혜
最勝三昧精進慧시며

"이 가운데 가장 아래쪽에 있는 세계의 이름은 가애락정광당可愛樂淨光幢이요, 불찰미진수 세계가 둘러싸서 순일하게 청정하니, 부처님 명호는 최승삼매정진혜最勝

三昧精進慧이시니라."

화장세계품 제2권에서 한 개의 세계종마다 20층의 세계가 있음을 설명하였다. 즉, 모든 세계종마다 20층의 세계가 있는데 그 20층의 가장 아래쪽에 있는 세계의 이름과 부처님 명호를 밝혔다.

此上에 過十佛刹微塵數世界하야 與金剛幢世界로 齊等하야 有世界하니 名香莊嚴幢이라 十佛刹微塵數世界가 圍遶하야 純一淸淨하니 佛號는 無障礙法界燈이시며

"이 위로 열 불찰미진수 세계를 지나서 금강당金剛幢 세계와 가지런한 세계가 있으니 이름은 향장엄당香莊嚴幢이요, 열 불찰미진수 세계가 둘러싸서 순일하게 청정하

니, 부처님 명호는 무장애법계등無障礙法界燈이시니라."

"금강당金剛幢세계와 가지런한 세계가 있으니"라는 말을 살펴보면 이렇다. 화장세계품 제1권에 "(큰 연꽃) 기장 중앙에 있는 향수해는 이름이 무변묘화광無邊妙華光이니라. 모든 보살들의 형상을 나타내는 마니왕깃대로써 바닥이 되었으며, 큰 연꽃이 나 있으니 이름이 일체향마니왕장엄一切香摩尼王藏嚴이니라. 세계종이 그 위에 머물러 있으니 이름이 보조시방치연보광명普照十方熾然寶光明이니라. 일체 장엄거리로써 체성이 되어 불가설의 부처님세계 미진수 같은 세계가 그 가운데 펼쳐져 있느니라."라고 하였는데 그 세계종의 제10층에 금강당세계가 있다. 큰 연꽃과 향수해는 두 곳에 있기 때문에 살피고 분별해서 읽어야 한다. 처음 풍륜 위에 있는 향수해와 대윤위산 안에 있는 향수해다. 연꽃도 풍륜 위의 향수해에 있는 연꽃과 대윤위산 안의 향수해에서 세계종을 받치고 있는 연꽃이다.

차상 과삼불찰미진수세계 여사바세계
此上에 **過三佛刹微塵數世界**하야 **與娑婆世界**로

제등 유세계 명방광장 불호 변법계
齊等하야 **有世界**하니 **名放光藏**이요 **佛號**는 **徧法界**

무장애혜명
無障礙慧明이시며

"이 위로 세 불찰미진수 세계를 지나서 사바세계와 가지런한 세계가 있으니 이름은 방광장放光藏이고, 부처님 명호는 변법계무장애혜명徧法界無障礙慧明이시니라."

화장세계는 언제나 가장 중앙에 있는 '보조시방치연보광명'이라는 세계종을 중심으로 설명하고 있다. 그 세계종 제13층에 우리가 사는 사바세계가 있다고 하였다. 그 13층과 같은 높이에 있는 세계와 부처님의 이름을 밝혔다.

차상 과칠불찰미진수세계 지차세계종
此上에 **過七佛刹微塵數世界**하야 **至此世界種**

최상방 유세계 명최승신향 이십불찰
最上方하야 **有世界**하니 **名最勝身香**이라 **二十佛刹**

微塵數世界가 圍遶하야 純一淸淨하니 佛號는 覺分華시니라

"이 위로 일곱 불찰미진수 세계를 지나서 이 세계종의 가장 위쪽에 있는 세계가 있으니 이름은 최승신향最勝身香이고, 스무 불찰미진수 세계가 둘러싸서 순일하게 청정하니, 부처님의 명호는 각분화覺分華이시니라."

2) 무진광명륜無盡光明輪향수해와 그 다음 향수해

諸佛子야 彼無盡光明輪香水海外에 次有香水海하니 名具足妙光이요 世界種은 名徧無垢며

"모든 불자들이여, 저 무진광명륜無盡光明輪향수해 밖에 다음 향수해가 있으니 이름은 구족묘광具足妙光이고,

세계종의 이름은 변무구偏無垢이니라."

차 유 향 수 해　　명 광 요 개　　세 계 종　　명 무 변
次有香水海하니 **名光耀蓋**요 **世界種**은 **名無邊**

보 장 엄
普莊嚴이며

"다음에 또 향수해가 있으니 이름은 광요개光耀蓋이고, 세계종의 이름은 무변보장엄無邊普莊嚴이니라."

차 유 향 수 해　　명 묘 보 장 엄　　세 계 종　　명 향
次有香水海하니 **名妙寶莊嚴**이요 **世界種**은 **名香**

마 니 궤 도 형
摩尼軌度形이며

"다음에 또 향수해가 있으니 이름은 묘보장엄妙寶莊嚴이고, 세계종의 이름은 향마니궤도형香摩尼軌度形이니라."

차 유 향 수 해　　　명 출 불 음 성　　　세 계 종　　명 선
次有香水海하니 **名出佛音聲**이요 **世界種**은 **名善**

건 립 장 엄
建立莊嚴이며

"다음에 또 향수해가 있으니 이름은 출불음성出佛音聲이고, 세계종의 이름은 선건립장엄善建立莊嚴이니라."

차 유 향 수 해　　　명 향 당 수 미 장　　세 계 종　　명
次有香水海하니 **名香幢須彌藏**이요 **世界種**은 **名**

광 명 변 만
光明徧滿이며

"다음에 또 향수해가 있으니 이름은 향당수미장香幢須彌藏이고, 세계종의 이름은 광명변만光明徧滿이니라."

차 유 향 수 해　　　명 전 단 묘 광 명　　세 계 종　　명
次有香水海하니 **名栴檀妙光明**이요 **世界種**은 **名**

화 염 륜
華焰輪이며

"다음에 또 향수해가 있으니 이름은 전단묘광명栴檀妙光明이고, 세계종의 이름은 화염륜華焰輪이니라."

차유향수해　　　명풍력지　　세계종　　명보염
次有香水海하니 **名風力持**요 **世界種**은 **名寶焰**
운당
雲幢이며

"다음에 또 향수해가 있으니 이름은 풍력지風力持이고, 세계종의 이름은 보염운당寶焰雲幢이니라."

차유향수해　　　명제석신장엄　　　세계종　　명
次有香水海하니 **名帝釋身莊嚴**이요 **世界種**은 **名**
진주장
眞珠藏이며

"다음에 또 향수해가 있으니 이름은 제석신장엄帝釋身莊嚴이고, 세계종의 이름은 진주장眞珠藏이니라."

차유향수해 명평탄엄정 세계종 명비
次有香水海하니 **名平坦嚴淨**이요 **世界種**은 **名毗**

유리말종종장엄
瑠璃末種種莊嚴이라

"다음에 또 향수해가 있으니 이름은 평탄엄정平坦嚴淨이고, 세계종의 이름은 비유리말종종장엄毗瑠璃末種種莊嚴이니라."

여시등불가설불찰미진수향수해 기최근
如是等不可說佛刹微塵數香水海에 **其最近**

윤위산향수해 명묘수화 세계종 명출생제
輪圍山香水海는 **名妙樹華**요 **世界種**은 **名出生諸**

방광대찰 이일체불최복마음 위체
方廣大刹이니 **以一切佛摧伏魔音**으로 **爲體**어든

"이와 같이 말할 수 없는 불찰미진수 향수해가 있는데 윤위산輪圍山과 가장 가까운 향수해는 이름이 묘수화妙樹華이고, 세계종의 이름은 출생제방광대찰出生諸方廣大刹이니라. 온갖 부처님의 마군을 부수는 음성으로 체성을 삼았느니라."

중앙에 있는 향수해로부터 옆으로 설명하여 윤위산 가장 가까이까지 이르렀다. 그리고 "이와 같이 말할 수 없는 불찰미진수 향수해가 있다."고 하고 나서 마지막에 있는 향수해와 세계종을 설명하였다.

此中最下方에 **有世界**하니 **名焰炬幢**이요 **佛號**는
世間功德海시며

"이 가운데 가장 아래쪽에 세계가 있으니 이름은 염거당焰炬幢이고, 부처님의 명호는 세간공덕해世間功德海이시니라."

다시 출생제방광대찰出生諸方廣大刹이라는 세계종에 있는 세계를 맨 밑에서부터 대강 설명한다.

此上에 過十佛刹微塵數世界하야 與金剛幢世界로 齊等하야 有世界하니 名出生寶요 佛號는 獅子力寶雲이시며

"이 위로 열 불찰미진수 세계를 지나서 금강당金剛幢세계와 가지런한 세계가 있으니 이름은 출생보出生寶이고, 부처님의 명호는 사자력보운獅子力寶雲이시니라."

가장 중앙에 있는 보조시방치연보광명普照十方熾然寶光明이라는 세계종 10층에 금강당세계가 있다. 그 세계와 같은 층이라는 뜻이다.

此上에 與娑婆世界로 齊等하야 有世界하니 名衣服幢이요 佛號는 一切智海王이시며

"이 위로 사바세계와 가지런한 세계가 있으니 이름은 의복당衣服幢이고, 부처님의 명호는 일체지해왕一切智海王이시니라."

역시 가장 중앙에 있는 보조시방치연보광명普照十方熾然寶光明이라는 세계종 13층에 사바세계가 있다. 그 세계와 같은 층이라는 뜻이다. 요즘의 건물들이라 하더라도 대단히 크고 아주 복잡한 곳에 들어가면 출구를 찾지 못해서 헤매는 경우가 많다. 화장세계도 지금 돌아보고 있는 곳이 어디쯤인가를 알기 위해서 가장 중앙의 20층을 중심으로 설명하고 있다.

어차세계종최상방 유세계   명보영락사
於此世界種最上方에 **有世界**하니 **名寶瓔珞獅**

자광명   불호   선변화연화당
子光明이요 **佛號**는 **善變化蓮華幢**이시니라

"이 세계종의 가장 위쪽에 세계가 있으니 이름은 보영락사자광명寶瓔珞獅子光明이고, 부처님의 명호는 선변화

연화당善變化蓮華幢이시니라."

3) 금강염광명金剛焰光明향수해와 그 다음 향수해

^{제불자}^아 ^{피금강염광명향수해}^외 ^{차유향수}
諸佛子야 **彼金剛焰光明香水海**外에 **次有香水**

^해 ^{명일체장엄구영식당} ^{세계종} ^{명청정}
海하니 **名一切莊嚴具瑩飾幢**이요 **世界種**은 **名淸淨**

^{행장엄}
行莊嚴이며

"여러 불자들이여, 저 금강염광명金剛焰光明향수해 밖에 다음 향수해가 있으니 이름은 일체장엄구영식당一切莊嚴具瑩飾幢이고, 세계종의 이름은 청정행장엄淸淨行莊嚴이니라."

화장세계의 규모를 설명하는 데에는 원칙이 있다. 향수해를 설명할 때는 언제나 가장 중앙에 있는 무변묘화광無邊

^{妙華光}향수해를 중심으로 열 개의 방향이 있고, 그 열 개의 방향 중에 하나인 향수해를 들어 그 향수해에서 가장자리 쪽, 즉 대윤위산 쪽을 향해 가면서 열거하고 있다.

차 유 향 수 해　　명 일 체 보 화 광 요 해　　세 계 종
次有香水海하니 **名一切寶華光耀海**요 **世界種**은

명 공 덕 상 장 엄
名功德相莊嚴이며

"다음에 또 향수해가 있으니 이름은 일체보화광요해 一切寶華光耀海이고, 세계종의 이름은 공덕상장엄功德相莊嚴이니라."

차 유 향 수 해　　명 연 화 개 부　　세 계 종　　명 보
次有香水海하니 **名蓮華開敷**요 **世界種**은 **名菩**

살 마 니 관 장 엄
薩摩尼冠莊嚴이며

"다음에 또 향수해가 있으니 이름은 연화개부蓮華開敷

이고, 세계종의 이름은 보살마니관장엄菩薩摩尼冠莊嚴이니라."

차유향수해　　명묘보의복　　세계종　　명정
次有香水海하니 **名妙寶衣服**이요 **世界種**은 **名淨**

주 륜
珠輪이며

"다음에 또 향수해가 있으니 이름은 묘보의복妙寶衣服이고, 세계종의 이름은 정주륜淨珠輪이니라."

차유향수해　　명가애화변조　　세계종　명백
次有香水海하니 **名可愛華徧照**요 **世界種**은 **名百**

광운조요
光雲照耀며

"다음에 또 향수해가 있으니 이름은 가애화변조可愛華徧照이고, 세계종의 이름은 백광운조요百光雲照耀이니라."

차 유 향 수 해　　명 변 허 공 대 광 명　　세 계 종
次有香水海하니 **名徧虛空大光明**이요 **世界種**은

명 보 광 보 조
名寶光普照며

"다음에 또 향수해가 있으니 이름은 변허공대광명偏虛空大光明이고, 세계종의 이름은 보광보조寶光普照이니라."

차 유 향 수 해　　명 묘 화 장 엄 당　　세 계 종　명
次有香水海하니 **名妙華莊嚴幢**이요 **世界種**은 **名**

금 월 안 영 락
金月眼瓔珞이며

"다음에 또 향수해가 있으니 이름은 묘화장엄당妙華莊嚴幢이고, 세계종의 이름은 금월안영락金月眼瓔珞이니라."

차 유 향 수 해　　명 진 주 향 해 장　　세 계 종　명
次有香水海하니 **名眞珠香海藏**이요 **世界種**은 **名**

불 광 명
佛光明이며

五. 화장세계품華藏世界品 3

"다음에 또 향수해가 있으니 이름은 진주향해장眞珠香海藏이고, 세계종의 이름은 불광명佛光明이니라."

차유향수해　　명보륜광명　　세계종　　명선
次有香水海하니 **名寶輪光明**이요 **世界種**은 **名善**

화현불경계광명
化現佛境界光明이라

"다음에 또 향수해가 있으니 이름은 보륜광명寶輪光明이고, 세계종의 이름은 선화현불경계광명善化現佛境界光明이니라."

여시등불가설불찰미진수향수해　　기최근윤
如是等不可說佛刹微塵數香水海에 **其最近輪**

위산향수해　　명무변륜장엄저　　세계종　　명무
圍山香水海는 **名無邊輪莊嚴底**요 **世界種**은 **名無**

량방차별　　이일체국토종종언설음　　위체
量方差別이니 **以一切國土種種言說音**으로 **爲體**어든

"이와 같이 말할 수 없는 불찰미진수 향수해가 있는데 윤위산輪圍山과 가장 가까운 향수해는 이름이 무변륜장엄저無邊輪莊嚴底이고, 세계종의 이름은 무량방차별無量方差別인데, 온갖 국토의 갖가지 말하는 음성으로 체성을 삼았느니라."

이하는 앞에서 수차례 설명한 형식과 같다. 번거로움을 피하기 위하여 더 이상의 부연 설명은 생략한다.

차 중 최 하 방 유 세 계   명 금 강 화 개 불 호
此中最下方에 **有世界**하니 **名金剛華蓋**요 **佛號**는
무 진 상 광 명 보 문 음
無盡相光明普門音이시며

"이 가운데서 가장 아래쪽에 세계가 있으니 이름은 금강화개金剛華蓋이고, 부처님 명호는 무진상광명보문음無盡相光明普門音이시니라."

五. 화장세계품華藏世界品 3

此上에 過十佛刹微塵數世界하야 有世界하니 與
金剛幢世界로 齊等하니 名出生寶衣幢이요 佛號는
福德雲大威勢시며

"이 위로 열 불찰미진수 세계를 지나서 금강당金剛幢 세계와 가지런한 세계가 있으니 이름은 출생보의당出生寶衣幢이고, 부처님 명호는 복덕운대위세福德雲大威勢이시니라."

此上에 與娑婆世界로 齊等하야 有世界하니 名衆
寶具妙莊嚴이요 佛號는 勝慧海시며

"이 위에 사바세계와 가지런한 세계가 있으니 이름은 중보구묘장엄衆寶具妙莊嚴이고, 부처님 명호는 승혜해勝慧海이시니라."

어 차 세 계 종 최 상 방   유 세 계   명 일 광 명 의
於此世界種最上方에 **有世界**하니 **名日光明衣**

복 당   불 호   지 일 연 화 운
服幢이요 **佛號**는 **智日蓮華雲**이시니라

"이 세계종의 가장 위쪽에 세계가 있으니 이름은 일광명의복당日光明衣服幢이고, 부처님 명호는 지일연화운智日蓮華雲이시니라."

4) 제청보장엄帝青寶莊嚴향수해와 그 다음 향수해

제 불 자   피 제 청 보 장 엄 향 수 해 외   차 유 향 수
諸佛子야 **彼帝青寶莊嚴香水海外**에 **次有香水**

해   명 아 수 라 궁 전   세 계 종   명 향 수 광 소 지
海하니 **名阿修羅宮殿**이요 **世界種**은 **名香水光所持**며

"여러 불자들이여, 저 제청보장엄帝青寶莊嚴향수해 밖에 다음 향수해가 있으니 이름은 아수라궁전阿修羅宮殿이고, 세계종의 이름은 향수광소지香水光所持이니라."

차유향수해 명보사자장엄 세계종 명
次有香水海하니 **名寶獅子莊嚴**이요 **世界種**은 **名**

변시시방일체보
徧示十方一切寶며

"다음에 또 향수해가 있으니 이름은 보사자장엄寶獅子莊嚴이고, 세계종의 이름은 변시시방일체보徧示十方一切寶이니라."

차유향수해 명궁전색광명운 세계종
次有香水海하니 **名宮殿色光明雲**이요 **世界種**은

명보륜묘장엄
名寶輪妙莊嚴이며

"다음에 또 향수해가 있으니 이름은 궁전색광명운宮殿色光明雲이고, 세계종의 이름은 보륜묘장엄寶輪妙莊嚴이니라."

차유향수해 명출대연화 세계종 명묘
次有香水海하니 **名出大蓮華**요 **世界種**은 **名妙**

장엄변조법계
莊嚴徧照法界며

"다음에 또 향수해가 있으니 이름은 출대연화出大蓮華이고, 세계종의 이름은 묘장엄변조법계妙莊嚴徧照法界이니라."

차유향수해　　명등염묘안　　세계종　　명
次有香水海하니 **名燈焰妙眼**이요 **世界種**은 **名**

변관찰시방변화
徧觀察十方變化며

"다음에 또 향수해가 있으니 이름은 등염묘안燈焰妙眼이고, 세계종의 이름은 변관찰시방변화徧觀察十方變化이니라."

차유향수해　　명부사의장엄륜　　세계종
次有香水海하니 **名不思議莊嚴輪**이요 **世界種**은

명시방광명보명칭
名十方光明普名稱이며

"다음에 또 향수해가 있으니 이름은 부사의장엄륜不思議莊嚴輪이고, 세계종의 이름은 시방광명보명칭十方光明普名稱이니라."

차유향수해 　　　　명보적장엄 　　　세계종 　　명
次有香水海하니 名寶積莊嚴이요 世界種은 名
등광조요
燈光照耀며

"다음에 또 향수해가 있으니 이름은 보적장엄寶積莊嚴이고, 세계종의 이름은 등광조요燈光照耀이니라."

차유향수해 　　　　명청정보광명 　　　　세계종
次有香水海하니 名淸淨寶光明이요 世界種은
명수미무능위애풍
名須彌無能爲礙風이며

"다음에 또 향수해가 있으니 이름은 청정보광명淸淨寶光明이고, 세계종의 이름은 수미무능위애풍須彌無能爲礙風이니라."

次有香水海하니 名寶衣欄楯이요 世界種은 名如
來身光明이라

"다음에 또 향수해가 있으니 이름은 보의난순寶衣欄楯이고, 세계종의 이름은 여래신광명如來身光明이니라."

如是等不可說佛刹微塵數香水海에 其最近
輪圍山香水海는 名樹莊嚴幢이요 世界種은 名安
住帝網이니 以一切菩薩智地音聲으로 爲體어든

"이와 같이 말할 수 없는 불찰미진수 향수해가 있는데 윤위산輪圍山에 가장 가까운 향수해는 이름이 수장엄당樹莊嚴幢이고, 세계종의 이름은 안주제망安住帝網인데, 온갖 보살 지혜의 지위 음성으로 체성을 삼았느니라."

차 중 최 하 방   유 세 계   명 묘 금 색   불 호
此中最下方에 **有世界**하니 **名妙金色**이요 **佛號**는

향 염 승 위 광
香焰勝威光이시며

"이 가운데 가장 아래쪽에 세계가 있으니 이름은 묘금색妙金色이고, 부처님 명호는 향염승위광香焰勝威光이시니라."

차 상   과 십 불 찰 미 진 수 세 계   여 금 강 당 세
此上에 **過十佛刹微塵數世界**하야 **與金剛幢世**

계   제 등   유 세 계   명 마 니 수 화   불 호   무
界로 **齊等**하야 **有世界**하니 **名摩尼樹華**요 **佛號**는 **無**

애 보 현
礙普現이시며

"이 위로 열 불찰미진수 세계를 지나서 금강당金剛幢 세계와 가지런한 세계가 있으니 이름은 마니수화摩尼樹華이고, 부처님 명호는 무애보현無礙普現이시니라."

　　　　차상　　여사바세계　　제등　　　유세계　　　명비
　　　　此上에 **與娑婆世界**로 **齊等**하야 **有世界**하니 **名毘**

유리묘장엄　　불호　　법자재견고혜
瑠璃妙莊嚴이요 **佛號**는 **法自在堅固慧**시며

　"이 위에 사바세계와 가지런한 세계가 있으니 이름은 비유리묘장엄毘瑠璃妙莊嚴이고, 부처님 명호는 법자재견고혜法自在堅固慧이시니라."

　　　　어차세계종최상방　　　유세계　　　명범음묘장
　　　　於此世界種最上方에 **有世界**하니 **名梵音妙莊**

엄　　불호　　연화개부광명왕
嚴이요 **佛號**는 **蓮華開敷光明王**이시니라

　"이 세계종의 가장 위쪽에 세계가 있으니 이름은 범음묘장엄梵音妙莊嚴이고, 부처님 명호는 연화개부광명왕蓮華開敷光明王이시니라."

5) 금강륜장엄저金剛輪莊嚴底향수해와 그 다음 향수해

諸佛子아 彼金剛輪莊嚴底香水海外에 次有香
水海하니 名化現蓮華處요 世界種은 名國土平正이며

"여러 불자들이여, 저 금강륜장엄저金剛輪莊嚴底향수해 밖에 다음 향수해가 있으니 이름은 화현연화처化現蓮華處이고, 세계종의 이름은 국토평정國土平正이니라."

次有香水海하니 名摩尼光이요 世界種은 名徧
法界無迷惑이며

"다음에 또 향수해가 있으니 이름은 마니광摩尼光이고, 세계종의 이름은 변법계무미혹徧法界無迷惑이니라."

차유향수해　　　　명중묘향일마니　　세계종
次有香水海하니 **名眾妙香日摩尼**요 **世界種**은

명보현시방
名普現十方이며

"다음에 또 향수해가 있으니 이름은 중묘향일마니衆
妙香日摩尼이고, 세계종의 이름은 보현시방普現十方이니라."

차유향수해　　　　명항납보류　　세계종　　명보
次有香水海하니 **名恒納寶流**요 **世界種**은 **名普**

행불언음
行佛言音이며

"다음에 또 향수해가 있으니 이름은 항납보류恒納寶流
이고, 세계종의 이름은 보행불언음普行佛言音이니라."

차유향수해　　　　명무변심묘음　　세계종
次有香水海하니 **名無邊深妙音**이요 **世界種**은

명무변방차별
名無邊方差別이며

"다음에 또 향수해가 있으니 이름은 무변심묘음無邊深妙音이고, 세계종의 이름은 무변방차별無邊方差別이니라."

次有香水海하니 名堅實積聚요 世界種은 名無量處差別이며

"다음에 또 향수해가 있으니 이름은 견실적취堅實積聚이고, 세계종의 이름은 무량처차별無量處差別이니라."

次有香水海하니 名淸淨梵音이요 世界種은 名普淸淨莊嚴이며

"다음에 또 향수해가 있으니 이름은 청정범음淸淨梵音이고, 세계종의 이름은 보청정장엄普淸淨莊嚴이니라."

차 유 향 수 해   명 전 단 난 순 음 성 장   세 계
次有香水海하니 **名栴檀欄楯音聲藏**이요 **世界**

종   명 형 출 당
種은 **名迥出幢**이며

"다음에 또 향수해가 있으니 이름은 전단난순음성장 栴檀欄楯音聲藏이고, 세계종의 이름은 형출당迥出幢이니라."

차 유 향 수 해   명 묘 향 보 왕 광 장 엄   세 계
次有香水海하니 **名妙香寶王光莊嚴**이요 **世界**

종   명 보 현 광 명 력
種은 **名普現光明力**이니라

"다음에 또 향수해가 있으니 이름은 묘향보왕광장엄 妙香寶王光莊嚴이고, 세계종의 이름은 보현광명력普現光明力이니라."

6) 연화인다라망蓮華因陀羅網향수해와 그 다음 향수해

諸佛子야 彼蓮華因陀羅網香水海外에 次有香水海하니 名銀蓮華妙莊嚴이요 世界種은 名普徧行이며

"여러 불자들이여, 저 연화인다라망蓮華因陀羅網향수해 밖에 다음 향수해가 있으니 이름은 은련화묘장엄銀蓮華妙莊嚴이고, 세계종의 이름은 보변행普徧行이니라."

次有香水海하니 名毘瑠璃竹密焰雲이요 世界種은 名普出十方音이며

"다음에 또 향수해가 있으니 이름은 비유리죽밀염운毘瑠璃竹密焰雲이고, 세계종의 이름은 보출시방음普出十方音이니라."

차 유 향 수 해   명 시 방 광 염 취   세 계 종   명
次有香水海하니 **名十方光焰聚**요 **世界種**은 **名**

항 출 변 화 분 포 시 방
恒出變化分布十方이며

"다음에 또 향수해가 있으니 이름은 시방광염취十方光
焰聚이고, 세계종의 이름은 항출변화분포시방恒出變化分布十
方이니라."

차 유 향 수 해   명 출 현 진 금 마 니 당   세 계
次有香水海하니 **名出現眞金摩尼幢**이요 **世界**

종   명 금 강 당 상
種은 **名金剛幢相**이며

"다음에 또 향수해가 있으니 이름은 출현진금마니당
出現眞金摩尼幢이고, 세계종의 이름은 금강당상金剛幢相이니라."

차 유 향 수 해   명 평 등 대 장 엄   세 계 종
次有香水海하니 **名平等大莊嚴**이요 **世界種**은

명법계용맹선
名法界勇猛旋이며

 "다음에 또 향수해가 있으니 이름은 평등대장엄平等大莊嚴이고, 세계종의 이름은 법계용맹선法界勇猛旋이니라."

차유향수해　　명보화총무진광　　세계종
次有香水海하니 **名寶華叢無盡光**이요 **世界種**은

명무변정광명
名無邊淨光明이며

 "다음에 또 향수해가 있으니 이름은 보화총무진광寶華叢無盡光이고, 세계종의 이름은 무변정광명無邊淨光明이니라."

차유향수해　　명묘금당　　세계종　　명연
次有香水海하니 **名妙金幢**이요 **世界種**은 **名演**

설미밀처
說微密處며

"다음에 또 향수해가 있으니 이름은 묘금당妙金幢이고, 세계종의 이름은 연설미밀처演說微密處이니라."

次有香水海하니 名光影徧照요 世界種은 名普莊嚴이며

"다음에 또 향수해가 있으니 이름은 광영변조光影徧照이고, 세계종의 이름은 보장엄普莊嚴이니라."

次有香水海하니 名寂音이요 世界種은 名現前垂布라

"다음에 또 향수해가 있으니 이름은 적음寂音이고, 세계종의 이름은 현전수포現前垂布이니라."

여시등불가설불찰미진수향수해　기최근윤
如是等不可說佛刹微塵數香水海에 **其最近輪**

위산향수해　명밀염운당　　세계종　명일체
圍山香水海는 **名密焰雲幢**이요 **世界種**은 **名一切**

광　장　엄　이일체여래도량중회음　　위체
光莊嚴이니 **以一切如來道場衆會音**으로 **爲體**어든

"이와 같이 말할 수 없는 불찰미진수 향수해가 있는데 윤위산輪圍山과 가장 가까운 향수해는 이름이 밀염운당密焰雲幢이고, 세계종의 이름은 일체광장엄一切光莊嚴인데, 온갖 여래의 도량에 모인 대중의 음성으로 체성을 삼았느니라."

어차최하방　유세계　　명정안장엄　　불
於此最下方에 **有世界**하니 **名淨眼莊嚴**이요 **佛**

호　금강월변조시방
號는 **金剛月徧照十方**이시며

"여기에서 가장 아래쪽에 세계가 있으니 이름은 정안장엄淨眼莊嚴이고, 부처님 명호는 금강월변조시방金剛月

徧照十方이시니라."

차상   과십불찰미진수세계   여금강당세
此上에 **過十佛刹微塵數世界**하야 **與金剛幢世**

계   제등   유세계   명연화덕   불호   대
界로 **齊等**하야 **有世界**하니 **名蓮華德**이요 **佛號**는 **大**

정진선각혜
精進善覺慧시며

"이 위로 열 불찰미진수 세계를 지나서 금강당金剛幢 세계와 가지런한 세계가 있으니 이름은 연화덕蓮華德이고, 부처님 명호는 대정진선각혜大精進善覺慧이시니라."

차상   여사바세계   제등   유세계   명금
此上에 **與娑婆世界**로 **齊等**하야 **有世界**하니 **名金**

강밀장엄   불호   사라왕당
剛密莊嚴이요 **佛號**는 **娑羅王幢**이시며

"이 위에 사바세계와 가지런한 세계가 있으니 이름은 금강밀장엄金剛密莊嚴이고, 부처님 명호는 사라왕당娑羅

王幢이시니라."

차상   과칠불찰미진수세계   유세계   명
此上에 **過七佛刹微塵數世界**하야 **有世界**하니 **名**

정해장엄   불호   위덕절륜무능제복
淨海莊嚴이요 **佛號**는 **威德絶倫無能制伏**이시니라

"이 위로 일곱 불찰미진수 세계를 지나서 세계가 있으니 이름은 정해장엄淨海莊嚴이고, 부처님 명호는 위덕절륜무능제복威德絶倫無能制伏이시니라."

7) 적집보향장積集寶香藏향수해와 그 다음 향수해

제불자   피적집보향장향수해외   차유향
諸佛子야 **彼積集寶香藏香水海外**에 **次有香**

수해   명일체보광명변조   세계종   명무구
水海하니 **名一切寶光明徧照**요 **世界種**은 **名無垢**

칭장엄
稱莊嚴이며

"여러 불자들이여, 저 적집보향장積集寶香藏 향수해 밖에 다음 향수해가 있으니 이름은 일체보광명변조一切寶光明徧照이고, 세계종의 이름은 무구칭장엄無垢稱莊嚴이니라."

차유향수해　　　명중보화개부　　세계종　　명
次有香水海하니 **名衆寶華開敷**요 **世界種**은 **名**
허공상
虛空相이며

"다음에 또 향수해가 있으니 이름은 중보화개부衆寶華開敷이고, 세계종의 이름은 허공상虛空相이니라."

차유향수해　　　명길상악변조　　세계종　　명
次有香水海하니 **名吉祥幄徧照**요 **世界種**은 **名**
무애광보장엄
無礙光普莊嚴이며

"다음에 또 향수해가 있으니 이름은 길상악변조吉祥幄徧照이고, 세계종의 이름은 무애광보장엄無礙光普莊嚴이니라."

차 유 향 수 해   명 전 단 수 화   세 계 종   명 보
次有香水海하니 **名栴檀樹華**요 **世界種**은 **名普**

현 시 방 선
現十方旋이며

"다음에 또 향수해가 있으니 이름은 전단수화栴檀樹華이고, 세계종의 이름은 보현시방선普現十方旋이니라."

차 유 향 수 해   명 출 생 묘 색 보   세 계 종   명
次有香水海하니 **名出生妙色寶**요 **世界種**은 **名**

승 당 주 변 행
勝幢周徧行이며

"다음에 또 향수해가 있으니 이름은 출생묘색보出生妙色寶이고, 세계종의 이름은 승당주변행勝幢周徧行이니라."

차 유 향 수 해   명 보 생 금 강 화   세 계 종   명
次有香水海하니 **名普生金剛華**요 **世界種**은 **名**

현 부 사 의 장 엄
現不思議莊嚴이며

"다음에 또 향수해가 있으니 이름은 보생금강화普生金剛華이고, 세계종의 이름은 현부사의장엄現不思議莊嚴이니라."

차유향수해　　　　명심왕마니륜엄식　　　세계
次有香水海하니 **名心王摩尼輪嚴飾**이요 **世界**
종　　명시현무애불광명
種은 **名示現無礙佛光明**이며

"다음에 또 향수해가 있으니 이름은 심왕마니륜엄식心王摩尼輪嚴飾이고, 세계종의 이름은 시현무애불광명示現無礙佛光明이니라."

차유향수해　　　　명적집보영락　　　세계종
次有香水海하니 **名積集寶瓔珞**이요 **世界種**은
명정제의
名淨除疑며

"다음에 또 향수해가 있으니 이름은 적집보영락積集寶瓔珞이고, 세계종의 이름은 정제의淨除疑이니라."

차유향수해   명진주륜보장엄   세계종
次有香水海하니 **名眞珠輪普莊嚴**이요 **世界種**은

명제불원소류
名諸佛願所流라

"다음에 또 향수해가 있으니 이름은 진주륜보장엄眞珠輪普莊嚴이고, 세계종의 이름은 제불원소류諸佛願所流이니라."

여시등불가설불찰미진수향수해   기최근
如是等不可說佛刹微塵數香水海에 **其最近**

윤위산향수해   명염부단보장륜   세계종
輪圍山香水海는 **名閻浮檀寶藏輪**이요 **世界種**은

명보음당   이입일체지문음성   위체
名普音幢이니 **以入一切智門音聲**으로 **爲體**어든

"이와 같이 말할 수 없는 불찰미진수 향수해가 있는데 윤위산과 가장 가까운 향수해는 이름이 염부단보장륜閻浮檀寶藏輪이고, 세계종의 이름은 보음당普音幢인데, 온갖 지혜문에 들어가는 음성으로 체성體性을 삼았느니라."

차중최하방   유세계   명화예염   불호
此中最下方에 **有世界**하니 **名華蘂焰**이요 **佛號**는

정진시
精進施시며

"이 가운데 가장 아래쪽에 세계가 있으니 이름은 화예염華蘂焰이고, 부처님의 명호는 정진시精進施이시니라."

차상   과십불찰미진수세계   여금강당세
此上에 **過十佛刹微塵數世界**하야 **與金剛幢世**

계   제등   유세계   명연화광명당   불호
界로 **齊等**하야 **有世界**하니 **名蓮華光明幢**이요 **佛號**는

일체공덕최승심왕
一切功德最勝心王이시며

"이 위로 열 불찰미진수 세계를 지나서 금강당金剛幢 세계와 가지런한 세계가 있으니 이름은 연화광명당蓮華光明幢이고, 부처님의 명호는 일체공덕최승심왕一切功德最勝心王이시니라."

차상　과삼불찰미진수세계　　여사바세계
此上에 **過三佛刹微塵數世界**하야 **與娑婆世界**로

제등　　유세계　　　명십력장엄　　불호　　선출
齊等하야 **有世界**하니 **名十力莊嚴**이요 **佛號**는 **善出**

현무량공덕왕
現無量功德王이시며

"이 위로 세 불찰미진수 세계를 지나서 사바세계와 가지런한 세계가 있으니 이름은 십력장엄十力莊嚴이고, 부처님의 명호는 선출현무량공덕왕善出現無量功德王이시니라."

어차세계종최상방　　유세계　　　명마니향산
於此世界種最上方에 **有世界**하니 **名摩尼香山**

당　　불호　광대선안정제의
幢이요 **佛號**는 **廣大善眼淨除疑**시니라

"이 세계종에서 가장 위쪽에 세계가 있으니 이름은 마니향산당摩尼香山幢이고, 부처님의 명호는 광대선안정제의廣大善眼淨除疑이시니라."

8) 보장엄寶莊嚴향수해와 그 다음 향수해

諸佛子야 彼寶莊嚴香水海外에 次有香水海하니
名持須彌光明藏이요 世界種은 名出生廣大雲이며

"여러 불자들이여, 저 보배장엄향수해 밖에 다음 향수해가 있으니 이름은 지수미광명장持須彌光明藏이고, 세계종의 이름은 출생광대운出生廣大雲이니라."

次有香水海하니 名種種莊嚴大威力境界요 世界種은 名無礙淨莊嚴이며

"다음에 또 향수해가 있으니 이름은 종종장엄대위력경계種種莊嚴大威力境界이고, 세계종의 이름은 무애정장엄無礙淨莊嚴이니라."

차유향수해   명밀포보련화   세계종   명
次有香水海하니 **名密布寶蓮華**요 **世界種**은 **名**

최승등장엄
最勝燈莊嚴이며

 "다음에 또 향수해가 있으니 이름은 밀포보련화密布寶蓮華이고, 세계종의 이름은 최승등장엄最勝燈莊嚴이니라."

차유향수해   명의지일체보장엄   세계
次有香水海하니 **名依止一切寶莊嚴**이요 **世界**

종   명일광명망장
種은 **名日光明網藏**이며

 "다음에 또 향수해가 있으니 이름은 의지일체보장엄依止一切寶莊嚴이고, 세계종의 이름은 일광명망장日光明網藏이니라."

차유향수해   명중다엄정   세계종   명
次有香水海하니 **名衆多嚴淨**이요 **世界種**은 **名**

보 화 의 처
寶華依處며

"다음에 또 향수해가 있으니 이름은 중다엄정眾多嚴淨이고, 세계종의 이름은 보화의처寶華依處이니라."

차 유 향 수 해　　명 극 총 혜 행　　세 계 종　　명
次有香水海하니 **名極聰慧行**이요 **世界種**은 **名**

최 승 형 장 엄
最勝形莊嚴이며

"다음에 또 향수해가 있으니 이름은 극총혜행極聰慧行이고, 세계종의 이름은 최승형장엄最勝形莊嚴이니라."

차 유 향 수 해　　명 지 묘 마 니 봉　　세 계 종　　명
次有香水海하니 **名持妙摩尼峯**이요 **世界種**은 **名**

보 정 허 공 장
普淨虛空藏이며

"다음에 또 향수해가 있으니 이름은 지묘마니봉持妙摩

尼峯이고, 세계종의 이름은 보정허공장普淨虛空藏이니라."

　　　　차 유 향 수 해　　　　명 대 광 변 조　　　세 계 종　　　명 제
　　次有香水海하니 **名大光徧照**요 **世界種**은 **名帝**

청 거 광 명
青炬光明이며

　"다음에 또 향수해가 있으니 이름은 대광변조大光徧照이고, 세계종의 이름은 제청거광명帝青炬光明이니라."

　　　　차 유 향 수 해　　　　명 가 애 마 니 주 충 만 변 조　　　세
　　次有香水海하니 **名可愛摩尼珠充滿徧照**요 **世**

계 종　　　명 보 후 성
界種은 **名普吼聲**이라

　"다음에 또 향수해가 있으니 이름은 가애마니주충만변조可愛摩尼珠充滿徧照이고, 세계종의 이름은 보후성普吼聲이니라."

여시등불가설불찰미진수향수해 기최근
如是等不可說佛刹微塵數香水海에 **其最近**

윤위산향수해 명출제청보 세계종 명주변
輪圍山香水海는 **名出帝靑寶**요 **世界種**은 **名周徧**

무차별 이일체보살진후성 위체
無差別이니 **以一切菩薩震吼聲**으로 **爲體**어든

"이와 같이 말할 수 없는 불찰미진수 향수해가 있는데 윤위산輪圍山과 가장 가까운 향수해는 이름이 출제청보出帝靑寶이고, 세계종의 이름은 주변무차별周徧無差別인데, 온갖 보살의 우렁찬 소리로 체성을 삼았느니라."

차중최하방 유세계 명묘승장 불호
此中最下方에 **有世界**하니 **名妙勝藏**이요 **佛號**는

최승공덕혜
最勝功德慧시며

"이 가운데 가장 아래쪽에 세계가 있으니 이름은 묘승장妙勝藏이고, 부처님의 명호는 최승공덕혜最勝功德慧이시니라."

차상　　과십불찰미진수세계　　여금강당세
此上에 **過十佛刹微塵數世界**하야 **與金剛幢世**

계　　제등　　　유세계　　　명장엄상　　불호　초
界로 **齊等**하야 **有世界**하니 **名莊嚴相**이요 **佛號**는 **超**

승대광명
勝大光明이시며

"이 위로 열 불찰미진수 세계를 지나서 금강당金剛幢세계와 가지런한 세계가 있으니 이름은 장엄상莊嚴相이고, 부처님의 명호는 초승대광명超勝大光明이시니라."

차상　여사바세계　제등　　유세계　　　명유
此上에 **與娑婆世界**로 **齊等**하야 **有世界**하니 **名瑠**

리륜보장엄　　불호　수미등
璃輪普莊嚴이요 **佛號**는 **須彌燈**이시며

"이 위에 사바세계와 가지런한 세계가 있으니 이름은 유리륜보장엄瑠璃輪普莊嚴이고, 부처님의 명호는 수미등須彌燈이시니라."

어 차 세 계 종 최 상 방   유 세 계   명 화 당 해
於此世界種最上方에 **有世界**하니 **名華幢海**요

불 호   무 진 변 화 묘 혜 운
佛號는 **無盡變化妙慧雲**이시니라

"이 세계종에서 가장 위쪽에 세계가 있으니 이름은 화당해華幢海이고, 부처님의 명호는 무진변화묘혜운無盡變化妙慧雲이시니라."

9) 금강보취金剛寶聚향수해와 그 다음 향수해

제 불 자   피 금 강 보 취 향 수 해 외   차 유 향 수
諸佛子야 **彼金剛寶聚香水海外**에 **次有香水**

해   명 숭 식 보 비 예   세 계 종   명 수 출 보 당
海하니 **名崇飾寶埤堄**요 **世界種**은 **名秀出寶幢**이며

"여러 불자들이여, 저 금강보취金剛寶聚향수해 밖에 다음 향수해가 있으니 이름은 숭식보비예崇飾寶埤堄이고, 세계종의 이름은 수출보당秀出寶幢이니라."

차유향수해 　　　명보당장엄　　　세계종　　명현
次有香水海하니 **名寶幢莊嚴**이요 **世界種**은 **名現**

일체광명
一切光明이며

　"다음에 또 향수해가 있으니 이름은 보당장엄寶幢莊嚴이고, 세계종의 이름은 현일체광명現一切光明이니라."

　　　차유향수해　　　명묘보운　　　세계종　　명일
次有香水海하니 **名妙寶雲**이요 **世界種**은 **名一**

체보장엄광명변조
切寶莊嚴光明徧照며

　"다음에 또 향수해가 있으니 이름은 묘보운妙寶雲이고, 세계종의 이름은 일체보장엄광명변조一切寶莊嚴光明徧照이니라."

　　　차유향수해　　　명보수화장엄　　　세계종　　명
次有香水海하니 **名寶樹華莊嚴**이요 **世界種**은 **名**

묘 화 간 식
妙華間飾이며

"다음에 또 향수해가 있으니 이름은 보수화장엄寶樹華莊嚴이고, 세계종의 이름은 묘화간식妙華間飾이니라."

차 유 향 수 해 　　　명 묘 보 의 장 엄 　　　세 계 종 　명
次有香水海하니 **名妙寶衣莊嚴**이요 **世界種**은 **名**

광 명 해
光明海며

"다음에 또 향수해가 있으니 이름은 묘보의장엄妙寶衣莊嚴이고, 세계종의 이름은 광명해光明海이니라."

차 유 향 수 해 　　　명 보 수 봉 　　　세 계 종 　명 보
次有香水海하니 **名寶樹峯**이요 **世界種**은 **名寶**

염 운
焰雲이며

"다음에 또 향수해가 있으니 이름은 보수봉寶樹峯이고, 세계종의 이름은 보염운寶焰雲이니라."

차유향수해   명시현광명   세계종   명
次有香水海하니 名示現光明이요 世界種은 名

입금강무소애
入金剛無所礙며

"다음에 또 향수해가 있으니 이름은 시현광명示現光明이고, 세계종의 이름은 입금강무소애入金剛無所礙이니라."

차유향수해   명연화보장엄   세계종   명
次有香水海하니 名蓮華普莊嚴이요 世界種은 名

무변안해연
無邊岸海淵이며

"다음에 또 향수해가 있으니 이름은 연화보장엄蓮華普莊嚴이고, 세계종의 이름은 무변안해연無邊岸海淵이니라."

차유향수해   명묘보장엄   세계종   명
次有香水海하니 名妙寶莊嚴이요 世界種은 名

보시현국토장
普示現國土藏이라

"다음에 또 향수해가 있으니 이름은 묘보장엄妙寶莊嚴이고, 세계종의 이름은 보시현국토장普示現國土藏이니라."

여시등불가설불찰미진수향수해 기최근
如是等不可說佛刹微塵數香水海에 **其最近**

윤위산향수해 명불가괴해 세계종 명묘륜
輪圍山香水海는 **名不可壞海**요 **世界種**은 **名妙輪**

간착연화장 이일체불력소출음 위체
間錯蓮華場이니 **以一切佛力所出音**으로 **爲體**어든

"이와 같이 말할 수 없는 불찰미진수 향수해가 있는데 윤위산과 가장 가까운 향수해는 이름이 불가괴해不可壞海이고, 세계종의 이름은 묘륜간착연화장妙輪間錯蓮華場인데, 온갖 부처님 힘에서 나오는 소리로 체성을 삼았느니라."

차중최하방 유세계 명최묘향 불호
此中最下方에 **有世界**하니 **名最妙香**이요 **佛號**는

五. 화장세계품華藏世界品 3

변 화 무 량 진 수 광
變化無量塵數光이시며

"이 가운데서 가장 아래쪽에 세계가 있으니 이름은 최묘향最妙香이고, 부처님 명호는 변화무량진수광變化無量塵數光이시니라."

차 상　　과 십 불 찰 미 진 수 세 계　　여 금 강 당 세
此上에 **過十佛刹微塵數世界**하야 **與金剛幢世**
계　제 등　　유 세 계　　명 부 사 의 차 별 장 엄 문
界로 **齊等**하야 **有世界**하니 **名不思議差別莊嚴門**이요
불 호　무 량 지
佛號는 **無量智**시며

"이 위로 열 불찰미진수 세계를 지나서 금강당金剛幢 세계와 가지런한 세계가 있으니 이름은 부사의차별장엄문不思議差別莊嚴門이고, 부처님 명호는 무량지無量智이시니라."

차상   여사바세계   제등   유세계   명시
此上에 與娑婆世界로 齊等하야 有世界하니 名十

방광명묘화장   불호   사자안광염운
方光明妙華藏이요 佛號는 獅子眼光焰雲이시며

"이 위에 사바세계와 가지런한 세계가 있으니 이름은 시방광명묘화장十方光明妙華藏이고, 부처님 명호는 사자안광염운獅子眼光焰雲이시니라."

      어차최상방   유세계   명해음성   불호
於此最上方에 有世界하니 名海音聲이요 佛號는

수천광염문
水天光焰門이시니라

"여기서 가장 위쪽에 세계가 있으니 이름은 해음성海音聲이고, 부처님 명호는 수천광염문水天光焰門이시니라."

五. 화장세계품華藏世界品 3

10) 천성보첩天城寶堞향수해와 그 다음 향수해

諸佛子_야 彼天城寶堞香水海外_에 次有香水
海_{하니} 名焰輪赫奕光_{이요} 世界種_은 名不可說種種
莊嚴_{이며}

"여러 불자들이여, 저 천성보첩天城寶堞향수해 밖에 다음 향수해가 있으니 이름은 염륜혁혁광焰輪赫奕光이고, 세계종의 이름은 불가설종종장엄不可說種種莊嚴이니라."

次有香水海_{하니} 名寶塵路_요 世界種_은 名普入
無量旋_{이며}

"다음에 또 향수해가 있으니 이름은 보진로寶塵路이고, 세계종의 이름은 보입무량선普入無量旋이니라."

차 유 향 수 해　　　명 구 일 체 장 엄　　　세 계 종
次有香水海하니 **名具一切莊嚴**이요 **世界種**은

명 보 광 변 조
名寶光徧照며

"다음에 또 향수해가 있으니 이름은 구일체장엄具一切莊嚴이고, 세계종의 이름은 보광변조寶光徧照이니라."

차 유 향 수 해　　　명 포 중 보 망　　　세 계 종　　명
次有香水海하니 **名布衆寶網**이요 **世界種**은 **名**

안 포 심 밀
安布深密이며

"다음에 또 향수해가 있으니 이름은 포중보망布衆寶網이고, 세계종의 이름은 안포심밀安布深密이니라."

차 유 향 수 해　　　명 묘 보 장 엄 당　　　세 계 종　　명
次有香水海하니 **名妙寶莊嚴幢**이요 **世界種**은 **名**

세 계 해 명 료 음
世界海明了音이며

"다음에 또 향수해가 있으니 이름은 묘보장엄당妙寶莊嚴幢이고, 세계종의 이름은 세계해명료음世界海明了音이니라."

차 유 향 수 해　　　명 일 궁 청 정 영　　　세 계 종
次有香水海하니 **名曰宮淸淨影**이요 **世界種**은

명 변 입 인 다 라 망
名徧入因陀羅網이며

"다음에 또 향수해가 있으니 이름은 일궁청정영日宮淸淨影이고, 세계종의 이름은 변입인다라망徧入因陀羅網이니라."

차 유 향 수 해　　　명 일 체 고 악 미 묘 음　　　세 계
次有香水海하니 **名一切鼓樂美妙音**이요 **世界**

종　　명 원 만 평 정
種은 **名圓滿平正**이며

"다음에 또 향수해가 있으니 이름은 일체고악미묘음一切鼓樂美妙音이고, 세계종의 이름은 원만평정圓滿平正이니라."

차유향수해 　　　명종종묘장엄 　　세 계 종
次有香水海하니 **名種種妙莊嚴**이요 **世界種**은

명정밀광염운
名淨密光焰雲이며

"다음에 또 향수해가 있으니 이름은 종종묘장엄種種妙莊嚴이고, 세계종의 이름은 정밀광염운淨密光焰雲이니라."

차유향수해 　　　명주변보염등 　　세 계 종
次有香水海하니 **名周徧寶焰燈**이요 **世界種**은

명수불본원종종형
名隨佛本願種種形이라

"다음에 또 향수해가 있으니 이름은 주변보염등周徧寶焰燈이고, 세계종의 이름은 수불본원종종형隨佛本願種種形이니라."

여시등불가설불찰미진수향수해 　　기최근
如是等不可說佛刹微塵數香水海에 **其最近**

윤위산향수해   명적집영락의   세계종   명화
輪圍山香水海는 **名積集瓔珞衣**요 **世界種**은 **名化**

현묘의   이삼세일체불음성   위체
現妙衣니 **以三世一切佛音聲**으로 **爲體**어든

 "이와 같이 말할 수 없는 불찰미진수 향수해가 있는데 윤위산輪圍山과 가장 가까운 향수해는 이름이 적집영락의積集瓔珞衣이고, 세계종의 이름은 화현묘의化現妙衣이며, 삼세의 모든 부처님 음성으로 체성을 삼았느니라."

  차중최하방   유향수해   명인다라화장
此中最下方에 **有香水海**하니 **名因陀羅華藏**이요

세계   명발생환희   불찰미진수세계   위요
世界는 **名發生歡喜**라 **佛刹微塵數世界**가 **圍遶**하야

순일청정   불호   견오지
純一淸淨하니 **佛號**는 **堅悟智**시며

 "이 가운데서 가장 아래쪽에 향수해가 있으니 이름은 인다라화장因陀羅華藏이고, 세계의 이름은 발생환희發生歡喜인데, 불찰미진수 세계가 둘러싸서 순일하게 청정하니, 부처님의 명호는 견오지堅悟智이시니라."

차상   과십불찰미진수세계   여금강당세
此上에 **過十佛刹微塵數世界**하야 **與金剛幢世**

계   제등   유세계   명보망장엄   십불찰
界로 **齊等**하야 **有世界**하니 **名寶網莊嚴**이라 **十佛刹**

미진수세계   위요   순일청정   불호   무량
微塵數世界가 **圍遶**하야 **純一淸淨**하니 **佛號**는 **無量**

환희광
歡喜光이시며

 "이 위로 열 불찰미진수 세계를 지나서 금강당金剛幢 세계와 가지런한 세계가 있으니 이름은 보망장엄寶網莊嚴이고, 열 불찰미진수 세계가 둘러싸서 순일하게 청정하니, 부처님의 명호는 무량환희광無量歡喜光이시니라."

차상   과삼불찰미진수세계   여사바세계
此上에 **過三佛刹微塵數世界**하야 **與娑婆世界**로

제등   유세계   명보련화사자좌   십삼불찰
齊等하야 **有世界**하니 **名寶蓮華獅子座**라 **十三佛刹**

미진수세계   위요   불호   최청정불공문
微塵數世界가 **圍遶**하니 **佛號**는 **最淸淨不空聞**이시며

"이 위로 세 불찰미진수 세계를 지나서 사바세계와 가지런한 세계가 있으니 이름은 보련화사자좌寶蓮華獅子座이고, 열세 불찰미진수 세계가 둘러쌌는데, 부처님 명호는 최청정불공문最淸淨不空聞이시니라."

차상 과칠불찰미진수세계 지차세계종
此上에 **過七佛刹微塵數世界**하야 **至此世界種**
최상방 유세계 명보색용광명 이십불
最上方하야 **有世界**하니 **名寶色龍光明**이라 **二十佛**
찰미진수세계 위요 순일청정 불호 변
刹微塵數世界가 **圍遶**하야 **純一淸淨**하니 **佛號**는 **徧**
법계보조명
法界普照明이시니라

"이 위로 일곱 불찰미진수 세계를 지나서 이 세계종의 가장 위쪽에 세계가 있으니 이름은 보색용광명寶色龍光明이고, 스무 불찰미진수 세계가 둘러싸서 순일하게 청정하니, 부처님 명호는 변법계보조명徧法界普照明이시니라."

화장세계의 규모를 밝히는 것은 이와 같이 간략히 마쳤

다. 다시 요약하면 처음 맨 밑에 풍륜이 있고 그 위에 향수해가 있다. 향수해에는 큰 연꽃이 피어 있다. 그 연꽃 안에는 다시 또 무수한 향수해가 끝없이 펼쳐져 있다. 그 무수한 향수해의 가장자리를 돌아가면서 대윤위산이 둘러 있다. 그 대윤위산에서는 향수하가 흘러 들어오고 있다.

연꽃 속은 이와 같이 넓은데 무수한 향수해의 가장 중앙에 있는 향수해의 이름은 무변묘화광無邊妙華光이다. 이 무변묘화광향수해를 중심으로 하여 무수한 향수해가 펼쳐져 있는데 각각의 향수해마다 다시 연꽃이 피어 있고 그 연꽃 위에는 또 각각의 세계종이 있다. 세계종에는 또 각각 20층의 세계가 있는데 가장 중앙에 있는 세계종의 이름은 보조시방치연보광명普照十方熾然寶光明이다. 또 세계종을 중심으로 열 개의 방향으로 세계종이 향수해와 함께 펼쳐져 있음을 밝혔다.

만약 우리가 이와 같은 화장세계를 보려면 지름이 1백 미터가 넘는 천체망원경을 만들어서 수천 억 광년 그 저쪽까지 보아야 하리라.

11) 화장세계의 총결

諸_제佛_불子_자야 如_여是_시十_십不_불可_가說_설佛_불刹_찰微_미塵_진數_수香_향水_수海_해 中_중에 有_유十_십不_불可_가說_설佛_불刹_찰微_미塵_진數_수世_세界_계種_종이 皆_개依_의現_현 一_일切_체菩_보薩_살形_형摩_마尼_니王_왕幢_당莊_장嚴_엄蓮_연華_화住_주하야 各_각各_각莊_장嚴_엄 際_제가 無_무有_유間_간斷_단이니라

"모든 불자들이여, 이러한 열 불가설不可說 불찰미진수의 향수해 가운데 열 불가설 불찰미진수 세계종이 있으니, 모두 온갖 보살 형상을 나타내는 마니왕깃대장엄연꽃을 의지하여 머물며, 각각 장엄한 변제의 사이가 끊어지지 않았느니라."

各_각各_각放_방寶_보色_색光_광明_명이며 各_각各_각光_광明_명雲_운으로 而_이覆_부其_기

上이며 各各莊嚴具며 各各劫差別이며 各各佛出現이며 各各演法海며 各各衆生이 徧充滿이며 各各十方이 普趣入이며 各各一切佛의 神力所加持니라

"각각 보석빛광명을 놓으며, 각각 광명구름이 그 위를 덮었으며, 각각 장엄을 갖췄으며, 각각 겁이 차별하며, 각각 부처님이 출현하며, 각각 법해法海를 연설하며, 각각 중생들이 두루 가득하며, 각각 시방에 널리 나아가며, 각각 온갖 부처님의 신력을 지니었느니라."

此一一世界種中에 一切世界가 依種種莊嚴住호대 遞相接連하야 成世界網하야 於華藏莊嚴世界海에 種種差別로 周徧建立하니라

"이 낱낱의 세계종 가운데에 일체 세계가 가지가지 장엄을 의지하여 머물면서, 번갈아 서로 연접連接하여 세계망世界網을 이루면서 화장장엄華藏莊嚴세계바다에 가지가지 차별로 두루두루 건립되었느니라."

화장세계가 "열 불가설不可說 불찰미진수의 향수해가 있고, 하나하나의 향수해마다 또 열 불가설 불찰미진수의 세계종이 있다."고 하였다. 또 각각의 세계종마다 역시 열 불가설 불찰미진수의 세계가 있다.

예컨대 우리들의 몸을 중심으로 하여 작은 쪽으로 살펴보면 60조의 세포가 있다. 그 하나하나의 세포에 다시 60조의 또 다른 세포가 있고, 그 세포에도 역시 또 더 작은 세포들이 있어서 본체의 세포를 구성하고 있으리라.

눈을 돌려 우리 몸을 중심으로 해서 큰 것을 살펴보면 내가 사는 사찰이 있고, 부산시가 있으며, 우리나라가 있을 것이다. 또 세계와 지구의 70억 인구와 수백억 조의 생명체가 있고, 이 지구와 수많은 별들이 있어서 우리의 태양계를 이루고 있다. 이러한 태양계가 헤아릴 수 없이 많이 모여 하나의 은하계를 이룬다. 또 무수한 은하계가 모여 하나의 은하군을 이루며, 무수한 은하군이 다시 또 다른 그 어떤 종種과 군群을 이루고 있을 것이다. 이와 같이 세계는 미세한 쪽으로도 그 끝이 없고 광대한 쪽으로도 그 끝이 없다. 이것이 화장장엄세계다.

14. 게송으로 거듭 밝히다

1) 화장세계의 자체自體

爾時에 普賢菩薩이 欲重宣其義하사 承佛威力하고 而說頌言하사대

그때에 보현보살이 그 뜻을 거듭 펴려고 부처님의 위신력을 받들어 게송을 설하였습니다.

華藏世界海여 法界等無別이라
莊嚴極淸淨하야 安住於虛空이로다

화장세계바다는

법계와 같아서 차별이 없고
장엄은 지극히 청정하여
허공에 안주하였네.

  화장장엄세계의 자체自體를 간략히 밝혔다. 화장세계바다가 법계와 평등하여 차별이 없다고 하였다. 법계에는 아무리 작은 세포 속의 세포, 다시 또 그 세포 속의 세포라 하더라도 다 포함된다. 큰 쪽으로는 이 지구에서 수억 조 광년 끝에 있는 멀고 먼 곳까지도 다 포함된다. 그래서 법계와 같다고 하였다.

2) 세계종世界種

차 세 계 해 중 **此世界海中**에	찰 종 난 사 의 **刹種難思議**로대
일 일 개 자 재 **一一皆自在**하야	각 각 무 잡 란 **各各無雜亂**이로다

이 세계바다 가운데

세계종을 생각하기 어려우나
낱낱이 다 자재하여
각각 섞이고 어지러움이 없네.

화 장 세 계 해　　　　　찰 종 선 안 포
華藏世界海에　　　　**刹種善安布**라

수 형 이 장 엄　　　　　종 종 상 부 동
殊形異莊嚴이여　　　**種種相不同**이로다

화장세계바다에
세계종이 잘 펼쳐져 있어
다른 형상들과 다른 장엄들이
갖가지가 서로 같지를 않네.

제 불 변 화 음　　　　　종 종 위 기 체
諸佛變化音으로　　　**種種爲其體**어든

수 기 업 력 견　　　　　찰 종 묘 엄 식
隨其業力見하니　　　**刹種妙嚴飾**이로다

모든 부처님의 변화한 음성으로
갖가지 그 체성이 되었는데
그 업력業力을 따라서 보니
세계종이 미묘하게 장엄하였네.

<table>
<tr><td>수 미 산 성 망
須彌山城網과</td><td>수 선 륜 원 형
水旋輪圓形과</td></tr>
<tr><td>광 대 연 화 개
廣大蓮華開하야</td><td>피 피 호 위 요
彼彼互圍遶로다</td></tr>
</table>

수미산성의 그물과
물이 소용돌이치는 둥근 모양과
넓고 큰 연꽃이 피어
서로서로 둘러쌌네.

<table>
<tr><td>산 당 누 각 형
山幢樓閣形과</td><td>선 전 금 강 형
旋轉金剛形이어</td></tr>
<tr><td>여 시 부 사 의
如是不思議</td><td>광 대 제 찰 종
廣大諸刹種이로다</td></tr>
</table>

산 깃대와 누각의 형상과
돌고 또 도는 금강의 형상이여
이와 같이 부사의한
광대한 온갖 세계종이로다.

대 해 진 주 염
大海眞珠焰이여

광 망 부 사 의
光網不思議라

여 시 제 찰 종
如是諸刹種이

실 재 연 화 주
悉在蓮華住로다

큰 바다와 진주불꽃이여
광명그물 부사의하네.
이러한 모든 세계종이
모두 연꽃 위에 안주하도다.

일 일 제 찰 종
一一諸刹種에

광 망 불 가 설
光網不可說이니

광 중 현 중 찰
光中現衆刹하야

보 변 시 방 해
普徧十方海로다

낱낱 모든 세계종에
광명그물 말할 수 없으니
광명 속에서 온갖 세계 나타내어
온 시방에 두루 하도다.

일체제찰종   소유장엄구
一切諸刹種의   **所有莊嚴具**에

국토실입중   보견무유진
國土悉入中하야   **普見無有盡**이로다

일체 모든 세계종의
있는 바 장엄거리에
국토가 그 속에 다 들어가서
다함없이 널리 보도다.

앞의 산문에서 세계종에 대한 자세한 설명이 있었으나 다섯 자의 시 형식을 빌려서 표현하고 보니 세계종이 더욱 아름답게 보이고 장중하게 들린다.

"낱낱 모든 세계종에

광명그물 말할 수 없으니

광명 속에서 온갖 세계 나타내어

온 시방에 두루 하도다."

이 한 게송에서 세계종을 다 느끼고 볼 수 있게 한다.

3) 각각 다른 세계

찰 종 부 사 의
刹種不思議라

종 종 묘 엄 호
種種妙嚴好가

세 계 무 변 제
世界無邊際하니

개 유 대 선 력
皆由大仙力이로다

세계종이 부사의함이라

세계도 끝이 없으니

가지가지 아름다운 장엄

모두가 큰 신선의 힘 때문일세.

향수해가 넘실대고 그 향수해에 세계종이 불가사의한데, 낱낱 세계종마다 세계가 또한 불가사의하다. 가지가지 장

엄도 아름답기 그지없다. 화장장엄세계바다가 어찌하여 이처럼 아름답고 불가사의한가. 화장장엄세계바다는 모두가 청정법신 비로자나 부처님의 수행 공덕의 결과이다. 그와 같이 우리들이 사는 환경은 모두가 사람 사람들의 공덕과 수행의 결과이다.

(1) 비유譬喩

일 체 찰 종 중
一切刹種中에

세 계 부 사 의
世界不思議라

혹 성 혹 유 괴
或成或有壞며

혹 유 이 괴 멸
或有已壞滅이로다

일체 세계종 가운데
세계가 부사의함이라
혹은 이루어지고 혹은 무너지며
혹은 이미 무너지고 없도다.

비 여 림 중 엽
譬如林中葉이

유 생 역 유 락
有生亦有落인달하야

여 시 찰 종 중
如是刹種中에

세 계 유 성 괴
世界有成壞로다

마치 숲속의 나뭇잎이
돋기도 하고 떨어지기도 함과 같네.
이러한 세계종 가운데
세계가 이뤄지고 무너짐이 있도다.

세계종에 있는 모든 세계들은 참으로 불가사의하여 그대로 표현하기가 매우 어렵다. 그러므로 비유를 들어 다양한 세계종과 세계들을 밝힌다. 일체 세계들이 혹은 무너지는 것도 있고 혹은 이미 무너진 것도 있다. 마치 나뭇잎이 각각 다르게 물들고 다르게 떨어지는 것과 같다. 세포들도 그와 같고, 사람들도 그와 같고, 하늘에 떠 있는 무수한 별들도 그와 같다. 이와 같이 모든 것은 존재의 법칙과 원리에서 벗어나지 않는다.

비 여 의 수 림
譬如依樹林하야

종 종 과 차 별
種種果差別인달하야

여 시 의 찰 종　　　　　종 종 중 생 주
如是依刹種하야　　　**種種衆生住**로다

마치 수림을 의지해서

가지가지 열매가 차별하듯이

이와 같이 세계종을 의지해서

가지가지 중생들이 머물도다.

비 여 종 자 별　　　　　생 과 각 수 이
譬如種子別에　　　　**生果各殊異**인달하야

업 력 차 별 고　　　　　중 생 찰 부 동
業力差別故로　　　　**衆生刹不同**이로다

마치 종자가 다르므로

열리는 열매도 각각 다르듯이

업력業力이 차별한 까닭에

중생들의 세계도 같지 않네.

비여심왕보	수심견중색
譬如心王寶가	隨心見衆色인달하야
중생심정고	득견청정찰
衆生心淨故로	得見淸淨刹이로다

마치 심왕心王의 보배가

마음을 따라 여러 가지 빛을 보듯

중생의 마음이 깨끗한 까닭에

청정한 세계를 볼 수 있도다.

  나무도 종류마다 그 열매가 차별하듯이 세계종과 세계가 모두 차별하다. 그 속에 사는 중생들 또한 가지가지가 차별하다. 중생들의 업력業力이 차별한 까닭에 중생들의 세계 또한 같지 않고 차별하다. 사람들의 능력과 성품을 따라서 그 집안의 분위기나 살아가는 모습이 각각 다른 것이다. 일체가 다 심왕心王이 들어서 조작하고 펼쳐 내는 바이다.

비여대용왕	홍운변허공
譬如大龍王이	興雲徧虛空인달하야

여시불원력　　　　　출생제국토
如是佛願力으로　　**出生諸國土**로다

마치 큰 용왕이

구름을 일으켜 허공에 두루 하듯

이러한 부처님의 원력으로

모든 국토를 출생하도다.

여환사주술　　　　　능현종종사
如幻師呪術로　　　**能現種種事**인달하야

중생업력고　　　　　국토부사의
衆生業力故로　　　**國土不思議**로다

마치 환술幻術하는 이가 주술로써

능히 갖가지 일을 나타내듯이

중생들의 업력 때문에

국토도 또한 불가사의하도다.

비여중회상　　　　　화사지소작
譬如衆繪像이　　　**畵師之所作**인달하야

여 시 일 체 찰   심 화 사 소 성
如是一切刹이   **心畵師所成**이로다

마치 여러 가지 그림을
화가가 그려 내듯이
이와 같이 온갖 세계를
마음의 화가가 그려 내도다.

용왕과 부처님의 원력, 환술하는 사람과 중생의 업력, 또 화가와 그림 등의 비유는 우리가 사는 이 작은 세계로부터 무한한 화장세계에 이르기까지 마음의 작용이며, 마음이 만들며 마음이 느끼고 수용한다는 이치를 밝힌 것이다.

중 생 신 각 이   수 심 분 별 기
衆生身各異가   **隨心分別起**니

여 시 찰 종 종   막 불 개 유 업
如是刹種種이   **莫不皆由業**이로다

중생들의 몸이 각각 다른 것은
마음의 분별을 따라서 일어난 것

이처럼 세계가 갖가지인 것도
모두 다 업력 때문일세.

 이 세상에는 식물도 헤아릴 수 없이 많으며 동물도 또한 여러 가지다. 사람만 하더라도 그 얼굴과 그 모습과 그 생김새와 그 색깔이 얼마나 다양한가. 이 모든 것이 차별한 것은 일체가 각자의 업력으로 말미암은 것이다. 옷을 달리 입고 화장을 달리하는 것도 모두 그 사람 마음의 안목과 느낌의 한계 때문이다.

비 여 견 도 사
譬如見導師의

수 중 생 심 행
隨衆生心行하야

종 종 색 차 별
種種色差別인달하야

견 제 찰 역 연
見諸刹亦然이로다

비유컨대 마치 도사導師가
가지가지 색이 차별함을 보듯이
중생의 마음이 행함을 따라서
모든 세계를 봄도 또한 그러하도다.

일체제찰제   주포연화망
一切諸刹際에   **周布蓮華網**하니

종종상부동   장엄실청정
種種相不同이나   **莊嚴悉淸淨**이로다

일체 세계의 변제邊際에

연꽃그물을 두루 펼쳤으니

가지가지 모양이 같지 않으나

장엄은 모두 청정하도다.

(2) 염정染淨의 차별

피제연화망   찰망소안주
彼諸蓮華網에   **刹網所安住**라

종종장엄사   종종중생거
種種莊嚴事에   **種種衆生居**로다

저 모든 연꽃그물에

세계가 그물같이 안주하고

갖가지로 장엄한 일에

갖가지 중생들이 살도다.

화장장엄세계는 맨 밑에 풍륜이 있고, 풍륜 위에 향수해가 있고, 향수해에 무수한 연꽃이 있다. 마치 그물이 펼쳐진 듯하다. 그 연꽃들 위에 대윤위산이 있고 그 산 안에는 또다시 향수해가 있고, 그 향수해에는 다시 또 무수한 연꽃이 피어 있는데 그 연꽃들 위에 세계종과 세계가 안주한다. 그 세계에 중생들이 살고 있다. 세계와 중생들은 업력을 따라 온갖 염오된 곳과 청정한 곳이 차별하다.

혹 유 찰 토 중
或有刹土中엔

험 악 불 평 탄
險惡不平坦하니

유 중 생 번 뇌
由衆生煩惱하야

어 피 여 시 견
於彼如是見이로다

혹 어떤 세계는
험악하여 평탄하지 못하니
중생들의 번뇌 때문에
그곳에서 이와 같이 보네.

| 잡 염 급 청 정 | 무 량 제 찰 종 |
| **雜染及淸淨**인 | **無量諸刹種**이 |

| 수 중 생 심 기 | 보 살 력 소 지 |
| **隨衆生心起**며 | **菩薩力所持**로다 |

잡되고 물들고 청정한

한량없는 모든 세계종이

중생들의 마음을 따라 일어나며

보살들의 힘으로 유지되도다.

| 혹 유 찰 토 중 | 잡 염 급 청 정 |
| **或有刹土中**엔 | **雜染及淸淨**하니 |

| 사 유 업 력 기 | 보 살 지 소 화 |
| **斯由業力起**며 | **菩薩之所化**로다 |

혹 어떤 세계는

잡되고 물들며 또 청정하니

이는 업력 때문이기도 하며

보살이 교화한 것이기도 하네.

어떤 세계라 하더라도 만약 보살이 원력으로 교화하거나 조복한 곳이라면 그곳은 청정한 국토가 된다. 그러므로 염오와 청정은 국토의 문제가 아니라 사람 마음의 문제다.

유찰방광명
有刹放光明하야
종종묘엄식
種種妙嚴飾하니

이구보소성
離垢寶所成이라
제불영청정
諸佛令淸淨이로다

어떤 세계는 광명을 놓아서
때 없는 보배로 이루었으며
갖가지로 묘하게 장엄했으니
모든 부처님이 청정케 하였네.

중생의 경계와 보살의 경계와 부처님의 경계가 이와 같이 다르다는 것을 밝혔다.

(3) 성괴成壞의 차별

| 일 일 찰 종 중 | 겁 소 부 사 의 |
| **一一刹種中**에 | **劫燒不思議**라 |

| 소 현 수 패 악 | 기 처 상 견 고 |
| **所現雖敗惡**이나 | **其處常堅固**로다 |

낱낱 세계종 가운데

겁화劫火가 타서 부사의하네.

나타난 것은 비록 몹쓸 것들이나

그곳은 항상 견고하도다.

| 유 중 생 업 력 | 출 생 다 찰 토 |
| **由衆生業力**하야 | **出生多刹土**하니 |

| 의 지 어 풍 륜 | 급 이 수 륜 주 |
| **依止於風輪**과 | **及以水輪住**로다 |

중생들의 업력을 말미암아

많은 세계를 출생하니

풍륜風輪을 의지하기도 하고

수륜水輪을 의지해서 머물기도 하네.

그동안 풍륜 위에 향수해가 있다고 하였다. 수륜水輪은 그 향수해를 의미하기도 한다. 혹 풍륜 밑에 공륜空輪이 있다고도 한다. 공륜이란 모든 존재의 공성을 의미하기도 하나 풍륜이 허공 위에 떠 있는 것을 뜻한다.

세계 법 여 시
世界法如是하야

종 종 견 부 동
種種見不同이나

이 실 무 유 생
而實無有生이며

역 부 무 멸 괴
亦復無滅壞로다

세계의 법이 이와 같아서
가지가지가 같지 않음을 보나
실은 생김도 없으며
또한 다시 소멸함도 없네.

일 일 심 념 중
一一心念中에

출 생 무 량 찰
出生無量刹호대

이 불 위 신 력
以佛威神力으로

실 견 정 무 구
悉見淨無垢로다

낱낱 생각 속에서
한량없는 세계를 출생하되
부처님의 위신력으로
청정하여 때 없음을 다 보도다.

부처님의 위신력으로 세계가 청정무구함을 본다는 것은 부처님과 같은 깨달음의 안목이나 지혜의 안목이 있으면 어떤 세계도 추하거나 험악하지 않고 모두가 청정하다는 것이다.

(4) 고락苦樂의 차별

유 찰 니 토 성
有刹泥土成하야

기 체 심 견 경
其體甚堅硬하며

흑 암 무 광 조
黑闇無光照하니

악 업 자 소 거
惡業者所居로다

어떤 세계는 진흙으로 이루어져
그 체성이 매우 굳으며
캄캄하여 빛이 없으니

악한 업業이 있는 이가 사는 곳일세.

유찰금강성　　　　　잡염대우포
有刹金剛成하야　　　**雜染大憂怖**라

고다이락소　　　　　박복지소처
苦多而樂少하니　　　**薄福之所處**로다

어떤 세계는 금강으로 이루어져

뒤섞이고 물들어 크게 두려우며

고통은 많고 즐거움은 적으니

박복한 이가 사는 곳일세.

혹유용철성　　　　　혹이적동작
或有用鐵成하고　　　**或以赤銅作**하며

석산험가외　　　　　죄악자충만
石山險可畏하니　　　**罪惡者充滿**이로다

혹은 철로 되었고

혹은 붉은 구리로 되었으며

석산石山이 험하여 두렵기도 하니

죄악을 지은 이가 충만하도다.

여기에서 금강이란 날카롭고 험악한 산세를 뜻한다. 박복하여 하루하루의 삶이 고통으로 이어지는 생활을 하는 사람은 마치 척박하고 날카롭고 험악한 산길을 걸어가는 것과 같이 느끼기 때문이다. 철로 되었거나 붉은 구리로 되었거나 석산으로 되었다는 표현은 모두 같은 의미이다. 그와 같은 세계가 실재한다는 뜻이 아니라, 지혜가 없고 복이 없고 어리석은 사람은 같은 세계에 살아도 그와 같이 느끼기 때문이다.

찰 중 유 지 옥
刹中有地獄하니

중 생 고 무 구
衆生苦無救라

상 재 흑 암 중
常在黑闇中하야

염 해 소 소 연
焰海所燒燃이로다

세계 속에 지옥이 있으니
중생들의 고통을 구제할 수 없으며
항상 캄캄한 속에 있어서

불꽃바다가 타올라서 태우도다.

혹부유축생　　　　　종종추루형
或復有畜生하니　　**種種醜陋形**이라

유기자악업　　　　　상수제고뇌
由其自惡業하야　　**常受諸苦惱**로다

혹 다시 축생이 있으니

갖가지 누추한 형상이라

그 스스로의 악한 업 때문에

항상 모든 고뇌를 받도다.

혹견염라계　　　　　기갈소전핍
或見閻羅界하니　　**飢渴所煎逼**이라

등상대화산　　　　　수제극중고
登上大火山하야　　**受諸極重苦**로다

혹은 염라閻羅세계를 보니

기갈에 핍박이 되며

큰 불이 타는 산에 올라가서

여러 가지 무거운 고통을 받네.

지옥과 축생과 염라세계 등 온갖 악업으로 인하여 어리석고 무지하여 고통을 받는 세계를 밝혔다.

혹유제찰토
或有諸刹土는

칠보소합성
七寶所合成이라

종종제궁전
種種諸宮殿이

사유정업득
斯由淨業得이로다

혹 어떤 여러 세계는

칠보로 이루어졌는데

갖가지 모든 궁전들이

청정한 업으로 된 것일세.

여응관세간
汝應觀世間하라

기중인여천
其中人與天이

정업과성취
淨業果成就하야

수시수쾌락
隨時受快樂이로다

너희는 응당 세간을 보라.
그 가운데 사람과 하늘이
청정한 업의 결과를 성취하여
때를 따라 쾌락을 받도다.

보통 사람들의 삶과 천신처럼 사는 사람들의 업과가 다름을 밝혔다. 칠보로 이루어진 궁전에 사는 사람은 청정한 업의 결과이다. 이와 같이 오염된 업과 청정한 업은 각양각색이며 사는 모습 또한 각양각색이다.

4) 세계의 미세微細

일 일 모 공 중
一一毛孔中에

억 찰 부 사 의
億刹不思議라

종 종 상 장 엄
種種相莊嚴호대

미 증 유 박 애
未曾有迫隘로다

낱낱 모공毛孔 속에
억만 세계가 부사의하며

갖가지 형상으로 장엄하되
비좁거나 궁색한 적이 일찍이 없네.

화엄경의 종지(宗旨) 중 중요한 하나는 하나의 작은 먼지 속에 시방세계를 함유하고 있다는 이치[一微塵中舍十方]이다. 1백 평 방안에 등불 하나를 밝혀도 그 빛은 방안에 가득차고, 등불을 열 개 밝혀도 역시 그 빛은 방안에 가득차면서 결코 서로의 빛이 비좁다고 다투지 않는다. 열 개든 백 개든 서로서로 섭입(攝入)하여 상즉상입(相卽相入)하면서 호상 융합하여 조화를 이루기 때문이다. 세상의 일체 존재는 모두 그와 같이 공존하는 것이다.

중 생 각 각 업
衆生各各業으로

세 계 무 량 종
世界無量種이라

어 중 취 착 생
於中取着生하야

수 고 락 부 동
受苦樂不同이로다

중생들 각각의 업으로
세계가 한량없는 종류라

그 가운데서 집착을 내어
고苦와 낙樂을 받음이 같지 않도다.

5) 세계의 체성體性

유 찰 중 보 성　　　　　상 방 무 변 광
有刹衆寶成하야　　　**常放無邊光**이라

금 강 묘 연 화　　　　　장 엄 정 무 구
金剛妙蓮華로　　　　**莊嚴淨無垢**로다

어떤 세계는 온갖 보석으로 이루어져
항상 그지없는 광명을 놓고
금강의 아름다운 연꽃으로
깨끗이 장엄하여 때가 없도다.

 화장장엄세계를 이루고 있는 체성을 밝힌 내용이다. 어떤 세계는 보석으로 이루어졌고, 어떤 세계는 광명으로 이루어졌고, 또 어떤 세계는 달로 이루어졌고, 향기로, 꽃둘레로, 꽃과 나무들로, 부처님의 음성 등으로 이루어졌음을 골고루 밝혔다. 이 모두가 한 사람 한 사람의 성향과 복덕과 지혜와 업력과 공덕으로 차별한 것이다.

유 찰 광 위 체
有刹光爲體하야
의 지 광 륜 주
依止光輪住라

금 색 전 단 향
金色栴檀香과
염 운 보 조 명
焰雲普照明이로다

어떤 세계는 광명으로 체성體性이 되어

광명바퀴를 의지해서 머물며

금빛 전단향과

불꽃구름이 널리 밝게 비치네.

유 찰 월 륜 성
有刹月輪成하야
향 의 실 주 포
香衣悉周布라

어 일 연 화 내
於一蓮華內에
보 살 개 충 만
菩薩皆充滿이로다

어떤 세계는 달로 이루어져

향기옷이 두루 펼쳐져 있고

한 연꽃 안에

보살들이 다 충만하도다.

유찰중보성   색상무제구
有刹衆寶成하야   **色相無諸垢**라

비여천제망   광명항조요
譬如天帝網하야   **光明恒照耀**로다

어떤 세계는 여러 가지 보배로 되어

색상이 아무런 때가 없네.

마치 제석천의 그물처럼

광명이 항상 비치도다.

유찰향위체   혹시금강화
有刹香爲體요   **或是金剛華**와

마니광영형   관찰심청정
摩尼光影形이라   **觀察甚淸淨**이로다

어떤 세계는 향기로 체성이 되고

혹은 금강꽃으로도 되었으며

마니보석광명그림자로 되어

관찰하기에 매우 청정하도다.

혹 유 난 사 찰　　　　화 선 소 성 취
或有難思刹은　　　　**華旋所成就**라

화 불 개 충 만　　　　보 살 보 광 명
化佛皆充滿이요　　　**菩薩普光明**이로다

혹 어떤 생각하기 어려운 세계는

꽃둘레로 이루어졌으며

화신 부처님이 모두 충만하고

보살들이 널리 광명 놓도다.

혹 유 청 정 찰　　　　실 시 중 화 수
或有淸淨刹은　　　　**悉是衆華樹**라

묘 지 포 도 량　　　　음 이 마 니 운
妙枝布道場하고　　　**陰以摩尼雲**이로다

혹 어떤 청정한 세계는

모두가 온갖 꽃과 나무들이라.
아름다운 가지들이 도량에 펼쳐져
마니구름으로 그늘이 되었도다.

유 찰 정 광 조 　　　금 강 화 소 성
有刹淨光照하야　　　**金剛華所成**이며

유 시 불 화 음　　　무 변 열 성 망
有是佛化音으로　　　**無邊列成網**이로다

어떤 세계는 청정한 광명이 비치어
금강꽃으로 이루어졌으며
어떤 곳은 부처님의 변화한 음성으로
그지없이 펼쳐져 그물이 되었도다.

유 찰 여 보 살　　　마 니 묘 보 관
有刹如菩薩의　　　**摩尼妙寶冠**하며

혹 유 여 좌 형　　　종 화 광 명 출
或有如座形하니　　　**從化光明出**이로다

혹 어떤 세계는 보살의

마니의 묘한 보배관冠과 같으며

혹 어떤 곳은 좌대의 형상 같으니

모두가 변화한 광명에서 나왔도다.

혹 유 전 단 말
或有栴檀末과

혹 시 미 간 광
或是眉間光과

혹 불 광 중 음
或佛光中音으로

이 성 사 묘 찰
而成斯妙刹이로다

혹은 전단가루와

혹은 미간의 광명과

혹은 부처님 광명 속의 음성으로

이 아름다운 세계를 이루었도다.

6) 세계의 장엄

혹 견 청 정 찰
或見淸淨刹이

이 일 광 장 엄
以一光莊嚴하며

혹 견 다 장 엄   종 종 개 기 묘
或見多莊嚴하니   **種種皆奇妙**로다

혹 청정한 세계는
한 광명으로 장엄하였고
혹은 많은 광명으로 장엄하였으니
갖가지가 다 기묘하도다.

화장세계는 구체적으로 표현하면 화장장엄세계다. 즉 장엄이 다른 세계와는 특별하게 다르기 때문에 장엄을 중심으로 이름 지어졌다. 경문을 깊이 생각하면서 읽고 또 읽으면서 잘 음미할 일이다. 화장세계는 체성을 설명하거나 장엄을 설명하거나 사사무애의 이치와 서로서로 융섭融攝하는 상즉상입의 이치를 벗어나서 설명하지 않는다. 그러므로 일다무애 – 多無礙의 교설이 마치 호흡하듯 익숙하여야 하리라.

혹 용 십 국 토   묘 물 작 엄 식
或用十國土의   **妙物作嚴飾**하며

혹 이 천 토 중　　　　　　일 체 위 장 교
或以千土中의　　　　　**一切爲莊校**로다

혹은 열 국토의

미묘한 물건들로 장엄하였고

혹은 천 국토 안의

일체로써 장엄하였네.

혹 이 억 찰 물　　　　　　장 엄 어 일 토
或以億刹物로　　　　　**莊嚴於一土**하니

종 종 상 부 동　　　　　　개 여 영 상 현
種種相不同하야　　　　**皆如影像現**이로다

혹은 억만 세계 물건들로

한 국토를 장엄하니

가지가지 모양이 같지 않아서

모두 영상처럼 나타났도다.

"혹은 억만 세계의 물건들로 한 국토를 장엄하였다."라고 하였다. 이 또한 일一과 다多가 무애하고 사事와 사事가

무애한 이치를 장엄에서 밝힌 것이다.

불가설토물	장엄어일찰
不可說土物로	**莊嚴於一刹**하야
각 각 방 광 명	여 래 원 력 기
各各放光明하니	**如來願力起**로다

말할 수 없는 국토의 물건으로

한 세계를 장엄해서

각각 광명을 놓으니

여래의 원력으로 일어났도다.

  여래의 원력과 안목이라면 불가설 국토의 물건으로 한 세계를 장엄하여 광명을 놓고 있음을 보게 되리라.

혹 유 제 국 토	원 력 소 정 치
或有諸國土는	**願力所淨治**라
일 체 장 엄 중	보 견 중 찰 해
一切莊嚴中에	**普見衆刹海**로다

혹 어떤 여러 국토는

원력으로 청정하게 닦아

일체 장엄 가운데서

여러 세계바다를 널리 보도다.

제 수 보 현 원
諸修普賢願하야

소 득 청 정 토
所得淸淨土는

삼 세 찰 장 엄
三世刹莊嚴이

일 체 어 중 현
一切於中現이로다

보현의 서원을 모두 닦아서

얻은 바의 청정한 국토는

삼세三世의 세계 장엄이

모두 그곳에 나타났도다.

불 자 여 응 관
佛子汝應觀

찰 종 위 신 력
刹種威神力하라

미 래 제 국 토
未來諸國土를

여 몽 실 령 견
如夢悉令見이로다

불자들이여, 그대들은 응당
세계종의 위신력을 보라.
미래의 모든 국토를
꿈과 같이 다 보게 하네.

화장세계의 장엄을 보고 이해하는 열쇠는 "미래의 모든 국토를 꿈과 같이 다 보게 하네."라는 말에 있다. 화엄경의 일체 장엄은 꿈과 같다. 우리가 실재라고 하는 모든 현실도 그 역시 꿈속의 일이다. 즉 일체가 둘이 아닌 본질에서 보면 일체의 현상은 천만 가지로 차별하더라도 모두가 환영이고 화현이다.

시 방 제 세 계
十方諸世界에

함 어 일 찰 중
咸於一刹中에

과 거 국 토 해
過去國土海가

현 상 유 여 화
現像猶如化로다

시방의 모든 세계에
과거 일체 국토바다가

모두 한 세계 속에

형상을 나타냄이 화현化現한 듯하네.

삼 세 일 체 불	급 이 기 국 토
三世一切佛과	**及以其國土**를
어 일 찰 종 중	일 체 실 관 견
於一刹種中에	**一切悉觀見**이로다

삼세의 일체 부처님과

그 국토들을

한 세계종 가운데서

모두 다 보게 하네.

심지어 과거 현재 미래의 모든 부처님과 그리고 그 모든 국토들까지 하나의 세계종에서 다 보게 한다. 하나의 세계종뿐만 아니라 작은 하나의 먼지 속에서도 보게 된다.

일체불신력　　　　　진중현중생
一切佛神力으로　　　 塵中現衆生커든

종종실명견　　　　　여영무진실
種種悉明見하니　　　 如影無眞實이로다

일체 부처님의 위신력으로

티끌 속에서 중생들을 나타내되

가지가지를 다 밝게 보게 하니

그림자 같아서 진실함이 없도다.

7) 세계의 형상

혹유중다찰　　　　　기형여대해
或有衆多刹은　　　　 其形如大海하며

혹여수미산　　　　　세계부사의
或如須彌山하니　　　 世界不思議로다

혹 어떤 많은 세계는

그 형상이 큰 바다 같으며

혹은 수미산과 같으니

세계가 다 부사의하도다.

세계의 갖가지 형상을 게송으로 다시 밝혔다. 사람들이 얼굴과 체형이 다르고 성품이 다르고 생각이 다르듯이 세계도 각각 다르다. 산에 있는 헤아릴 수 없이 많은 나무들도 같은 것은 하나도 없다. 이 세상에 같은 것이 무엇이 있겠는가. 모두가 다를 뿐, 다르다고 틀린 것은 아니다. 하나의 세계와 하나의 환경에서 살아도 사람마다 각각 다르게 느끼고 다르게 본다.

유 찰 선 안 주
有刹善安住하야

기 형 여 제 망
其形如帝網하며

혹 여 수 림 형
或如樹林形하니

제 불 만 기 중
諸佛滿其中이로다

어떤 세계는 잘 안주해서
그 형상이 제석천 그물과 같으며
혹은 수림의 형상과 같으니
모든 부처님이 그 속에 가득하도다.

혹 작 보 륜 형
或作寶輪形하고

혹 유 연 화 상
或有蓮華狀하며

팔 우 비 중 식
八隅備衆飾하니

종 종 실 청 정
種種悉淸淨이로다

혹은 보배바퀴 형상을 하고

혹은 연꽃 형상을 하며

여덟모에 온갖 장식을 갖췄으니

가지가지가 다 청정하도다.

혹 유 여 좌 형
或有如座形하고

혹 부 유 삼 우
或復有三隅하며

혹 여 거 륵 가
或如佉勒迦와

성 곽 범 왕 신
城郭梵王身이로다

혹은 좌대 형상과 같고

혹은 또 세모도 있으며

혹은 바구니 모양과 같으며

성곽과도 범천왕의 몸과도 같네.

혹여천주계 혹유여반월
或如天主髻하고 **或有如半月**하며

혹여마니산 혹여일륜형
或如摩尼山하고 **或如日輪形**이로다

혹은 하늘주인의 상투 같고

혹은 반달과도 같으며

혹은 마니의 산과도 같고

혹은 해의 형상과 같네.

혹유세계형 비여향해선
或有世界形은 **譬如香海旋**하며

혹작광명륜 불석소엄정
或作光明輪하니 **佛昔所嚴淨**이로다

혹 어떤 세계의 형상은

마치 향수해의 소용돌이 같으며

혹은 광명의 바퀴를 지으니

부처님이 옛적에 엄정한 바로다.

| 혹유윤망형 | 혹유단선형 |
| 或有輪輞形하고 | 或有壇墠形하며 |

| 혹여불호상 | 육계광장안 |
| 或如佛毫相과 | 肉髻廣長眼이로다 |

혹은 수레바퀴 테의 형상도 있고

혹은 제단 형상도 있으며

혹은 부처님의 백호상과

육계肉髻와 넓고 긴 눈과도 같네.

| 혹유여불수 | 혹여금강저 |
| 或有如佛手하고 | 或如金剛杵하며 |

| 혹여염산형 | 보살실주변 |
| 或如焰山形하니 | 菩薩悉周徧이로다 |

혹은 부처님 손과도 같고

혹은 금강저金剛杵와도 같으며

혹은 불꽃 산의 형상과 같으니

보살들이 다 두루 하였네.

| 혹 여 사 자 형 | 혹 여 해 방 형 |
| **或如獅子形**하고 | **或如海蚌形**하니 |

| 무 량 제 색 상 | 체 성 각 차 별 |
| **無量諸色相**이여 | **體性各差別**이로다 |

혹은 사자의 형상과 같고

혹은 바다의 조개 형상과도 같으니

한량없는 모든 색과 형상들이여

체성이 각각 차별하도다.

| 어 일 찰 종 중 | 찰 형 무 유 진 |
| **於一刹種中**에 | **刹形無有盡**하니 |

| 개 유 불 원 력 | 호 념 득 안 주 |
| **皆由佛願力**으로 | **護念得安住**로다 |

한 세계종 가운데

세계의 형상이 다함이 없으니

모두 부처님의 원력으로

보호하고 염려해서 안주하도다.

8) 세계가 머무는 겁

유 찰 주 일 겁　　　　　혹 주 어 십 겁
有刹住一劫하고　　　**或住於十劫**하며

내 지 과 백 천　　　　　국 토 미 진 수
乃至過百千과　　　　**國土微塵數**로다

어떤 세계는 일 겁 동안 머물고
혹은 십 겁 동안 머물며
내지 백천 겁과
국토의 미진수 겁을 머물도다.

모든 존재의 본질은 어느 것이나 평등하게 영원하지만 밖으로 나타난 현상들은 낱낱이 그 머무는 시간과 겁이 다르다. 사람도 사람마다 세상에 사는 시간이 다르고 다른 생명체도 수명이 다 다르다. 나무 한 그루, 풀 한 포기도 그 수명이 다 다르다. 세계와 위성들, 저 하늘에 떠 있는 무수한 별들도 그 머무는 세월이 다 다르다. 세계가 머무는 겁이란 이것을 밝히는 내용이다.

혹 어 일 겁 중
或於一劫中에

견 찰 유 성 괴
見刹有成壞하며

혹 무 량 무 수
或無量無數로

내 지 부 사 의
乃至不思議로다

혹은 일 겁 가운데서
세계가 이뤄지고 무너짐을 보며
혹은 한량없고 수없으며
내지 부사의하도다.

9) 부처님의 출현

혹 유 찰 유 불
或有刹有佛하고

혹 유 찰 무 불
或有刹無佛하며

혹 유 유 일 불
或有唯一佛이요

혹 유 무 량 불
或有無量佛이로다

혹 어떤 세계는 부처님이 있고
혹 어떤 세계는 부처님이 없으며
혹은 한 부처님만 있고
혹은 한량없는 부처님이 있도다.

세계마다 부처님이 있고 없음을 밝혔다. 사람 사람이 모두 부처님이고, 일체 생명이 다 부처님이고, 산하대지와 산천초목이 다 부처님인데, 세계에 부처님이 있기도 하고 없기도 하다니 그것은 무슨 뜻인가. 일체 존재가 부처님인 줄을 알지 못하는 중생이 있는 곳에서는 곧 부처님이 없는 것으로 알지만 두두물물이 다 부처님인 줄 아는 생명이 있는 곳에는 곧 부처님이 있는 것이다.

국토 약 무 불
國土若無佛이면

타 방 세 계 중
他方世界中에

유 불 변 화 래
有佛變化來하사

위 현 제 불 사
爲現諸佛事하나니

국토에 만약 부처님이 없다면

타방他方 세계 가운데서

부처님이 변화하여 오셔서

모든 불사를 나타내도다.

| 몰천여강신 | 처태급출생 |
| **殁天與降神**하시며 | **處胎及出生**하시며 |

| 항마성정각 | 전무상법륜 |
| **降魔成正覺**하사 | **轉無上法輪**하사대 |

도솔천에서 돌아가시고 신령을 내리시며

태胎에 들어가고 또 출생하시며

마군들을 항복받고 정각을 이루사

최상의 법륜法輪을 굴리도다.

| 수중생심락 | 시현종종상 |
| **隨衆生心樂**하야 | **示現種種相**하사 |

| 위전묘법륜 | 실응기근욕 |
| **爲轉妙法輪**하야 | **悉應其根欲**이로다 |

중생들 마음에 즐겨함을 따라서

갖가지 모양을 나타내 보이사

미묘한 법륜을 굴려서

그들의 근기와 욕망을 다 맞추시네.

화신 부처님이 이 세상에 오셔서 중생들의 근기와 욕망에 따라 천만겁을 지나면서 최상의 법륜을 굴리는 내용을 밝혔다. 도솔천에서 내려오셔서 왕궁에 강탄하시고, 어머니 태에 들어가 출생하시고, 출가하여 마군들을 항복받고, 정각을 이루어서 최상의 법륜을 굴린다는 이야기다.

일 일 불 찰 중
一一佛刹中에

일 불 출 홍 세
一佛出興世하사

경 어 억 천 세
經於億千歲토록

연 설 무 상 법
演說無上法이로다

낱낱 부처님 세계 가운데
한 부처님이 이 세상에 출현하사
억천 세歲를 지나도록
최상의 법을 연설하시네.

중 생 비 법 기
衆生非法器면

불 능 견 제 불
不能見諸佛이어니와

약 유 심 락 자
若有心樂者는

일 체 처 개 견
一切處皆見이로다

중생이 법의 그릇이 아니면
능히 모든 부처님을 보지 못하지만
만약 마음에 즐겨함이 있는 이는
일체 처소에서 다 보리라.

一一刹土中에　　　各有佛興世하시니
一切刹中佛을　　　億數不思議로다

낱낱 세계 가운데
각각 부처님이 세상에 출현하시니
일체 세계 중에 부처님이
몇 억億인지 불가사의하도다.

此中一一佛이　　　現無量神變하사
悉徧於法界하야　　調伏衆生海로다

이 가운데 낱낱 부처님이
한량없는 신통변화를 나타내어
다 법계에 두루 해서
중생의 바다를 조복하도다.

10) 광명의 유무

유찰무광명
有刹無光明하야

흑암다공구
黑闇多恐懼라

고촉여도검
苦觸如刀劍하야

견자자산독
見者自酸毒이로다

어떤 세계는 광명이 없어서
어둡고 캄캄하여 매우 두려우며
고통이 칼로 베는 듯하여
보는 이는 저절로 괴로워하네.

광명이란 삶의 지혜다. 인간의 본질과 현상의 관계에 대해서 밝게 알면 그것을 지혜의 광명이라 한다. 그와 같은 지혜의 광명이 없으면 인생의 길이 어둡고 캄캄하여 두렵기 그지없다. 매일매일의 삶과 하는 일마다 장애가 생겨서 온갖 고통으로 그 아픔이 한량이 없다.

    혹 유 제 천 광　　　　　　혹 유 궁 전 광
    或有諸天光하고　　　　**或有宮殿光**하며
    혹 일 월 광 명　　　　　　찰 망 난 사 의
    或日月光明이라　　　　**刹網難思議**로다

혹은 온갖 하늘의 광명이 있고
혹은 궁전의 광명이 있으며
혹은 해와 달의 광명이 있어
세계 그물을 생각하기 어렵도다.

앞의 게송은 광명이 없음에 대하여 밝혔고, 이 게송부터는 광명이 여러 가지인 것을 밝혔다. 하늘의 광명, 궁전의 광명, 해와 달의 광명, 산의 광명, 등불의 광명, 세계의 그물처럼 많고 많은 그 광명 헤아리기 어렵다.

유찰자광명　　　　　혹수방정광
有刹自光明이요　　　**或樹放淨光**하야

미증유고뇌　　　　　중생복력고
未曾有苦惱하니　　　**衆生福力故**로다

어떤 세계는 스스로 광명이 있고

혹은 나무가 깨끗한 광명을 놓아서

일찍이 고뇌가 있지 않으니

중생들의 복력 때문이로다.

혹유산광명　　　　　혹유마니광
或有山光明하고　　　**或有摩尼光**하며

혹이등광조　　　　　실중생업력
或以燈光照하니　　　**悉衆生業力**이로다

혹은 산에 광명이 있고

혹은 마니가 광명이 있으며

혹은 등燈이 광명이 있으니

모두가 중생의 업력業力이로다.

혹유불광명	보살만기중
或有佛光明하야	**菩薩滿其中**하며
유시연화광	염색심엄호
有是蓮華光으로	**焰色甚嚴好**로다

혹은 부처님이 광명이 있어서

보살들이 그 가운데 가득하며

어떤 때는 연꽃 광명이 있어

불꽃빛이 매우 아름답도다.

부처님의 광명 속에는 보살들이 그 가운데 가득하며, 연꽃 광명이 있어 아름답기 그지없다.

유찰화광조	유이향수조
有刹華光照하고	**有以香水照**하며
도향소향조	개유정원력
塗香燒香照하니	**皆由淨願力**이로다

어떤 세계는 꽃 광명 비치고

어떤 세계는 향수가 비치며

바르는 향과 태우는 향이 비치니
모두가 청정한 원력 때문일세.

유이운광조
有以雲光照하고

마니방광조
摩尼蚌光照하며

불신력광조
佛神力光照하야

능선열의성
能宣悅意聲이로다

어떤 곳은 구름 광명이 비치고
마니보석 조개 광명이 비치며
부처님의 위신력 광명이 비쳐서
능히 즐거운 소리를 내도다.

혹이보광조
或以寶光照하고

혹금강염조
或金剛焰照하야

정음능원진
淨音能遠震하니

소지무중고
所至無衆苦로다

혹은 보배 광명이 비치고
혹은 금강 불꽃이 비쳐서

깨끗한 음성이 능히 멀리 진동하니

이르는 곳마다 많은 고통 없애도다.

혹 이 마 니 광
或以摩尼光이요

혹 시 엄 구 광
或是嚴具光이며

혹 도 량 광 명
或道場光明으로

조 요 중 회 중
照耀衆會中이로다

혹은 마니의 광명이며

혹은 장엄거리의 광명이며

혹은 도량의 광명으로

회중會衆 가운데에 다 밝게 비추도다.

불 방 대 광 명
佛放大光明하시니

화 불 만 기 중
化佛滿其中이라

기 광 보 조 촉
其光普照觸하야

법 계 실 주 변
法界悉周徧이로다

부처님의 큰 광명을 놓으시니

화신 부처님이 그 가운데 가득하며

그 광명이 널리 비쳐

법계에 널리 두루 하였도다.

이 모든 광명들은 부처님이며, 부처님의 깨달음이며, 깨달음에 의한 진리의 가르침이다. 그리고 그 진리의 가르침에 의하여 터득한 지혜의 삶이다. 즉 존재의 본질과 현상에 대한 명확한 이해로서 사람이 곧 부처님이라는 깨달음과 그 실천이다.

11) 악도惡道의 악성惡聲

유 찰 심 가 외
有刹甚可畏하야

호 규 대 고 성
嗥叫大苦聲하니

기 성 극 산 초
其聲極酸楚하야

문 자 생 염 포
聞者生厭怖로다

어떤 세계는 심히 무서워서

크게 고통받는 소리를 부르짖으니

그 소리 지극히 처참하여

듣는 이가 싫어하고 두려워하네.

지 옥 축 생 도   급 이 염 라 처
地獄畜生道와   **及以閻羅處**는

시 탁 악 세 계   항 출 우 고 성
是濁惡世界라   **恒出憂苦聲**이로다

지옥과 축생도와
그리고 염라閻羅가 있는 곳은
혼탁하고 악한 세계라
고통받는 소리가 항상 나도다.

세계의 여러 가지 상황을 게송으로 밝히는 가운데 악성惡聲이 심하게 나는 곳을 말하였다. 심하게 무서워서 고통받는 소리를 부르짖기도 한다. 지옥의 소리와 축생의 소리와 염라의 소리 등 혼탁한 세계의 소리들이다.

12) 천도天道의 천성天聲

혹유국토중 상출가락음
或有國土中엔 **常出可樂音**하야

열의순기교 사유정업득
悅意順其敎하니 **斯由淨業得**이로다

혹 어떤 국토에는
항상 즐거운 소리가 나고
기쁜 마음으로 가르침을 따르기도 하니
이것은 청정한 업을 말미암은 것이로다.

혹유국토중 항문제석음
或有國土中엔 **恒聞帝釋音**하며

혹문범천음 일체세주음
或聞梵天音과 **一切世主音**이로다

혹 어떤 국토에는
항상 제석천의 소리가 들리며
혹은 범천의 소리와
일체 세간의 주인들 소리 들리도다.

혹 유 제 찰 토	운 중 출 묘 성
或有諸刹土는	**雲中出妙聲**이라
보 해 마 니 수	급 악 음 변 만
寶海摩尼樹와	**及樂音徧滿**이로다

혹 어떤 여러 세계에는

구름 속에서 미묘한 소리를 내며

보배바다와 마니보석나무와

음악 소리가 가득하도다.

하늘에는 하늘의 소리가 나고 있음을 밝혔다. 청정한 업이 있는 천신들에게는 그 업을 따라 항상 즐거운 소리와 기쁜 마음으로 가르침을 따르는 소리가 들린다. 제석천에는 제석천의 소리, 범천에는 범천의 소리 등 아름답고 미묘한 마니보석나무 소리까지 들린다.

13) 불보살의 아름다운 소리

제불원광내
諸佛圓光內에

화성무유진
化聲無有盡이며

급보살묘음
及菩薩妙音이

주문시방찰
周聞十方刹이로다

모든 부처님의 둥근 광명 속에는

교화하는 소리 다함이 없으며

보살의 미묘한 음성이

시방세계에 두루 들리도다.

부처님과 보살들의 광명에서 들리는 아름다운 소리를 밝혔다. 부처님이나 보살들의 광명이란 덕화며 법력이며 지혜의 가르침이다. 그것을 상징적으로 광명이라 한다. '부처님의 둥근 광명'이라는 것은 흔히 불상을 조각하거나 그림을 그릴 때 배광背光이라는 것으로 표현한다. 그 광명에서 사람들을 교화하는 소리가 들린다고 하였다. 무엇을 어떻게 표현하든 일체가 불법의 영향력이며, 불법의 덕화며, 인간 세상에 끼치는 큰 법의 은혜다. 그러므로 모든 불자들은 진리의 가르침으로 세상의 등불이 되고 큰 빛이 되도록 그 역할을 다하여야 한다. 그 일은 구체적으로 법륜을 굴리는 일이며, 법공양을 널리 펴는 일이며, 설법으로 많은 사람들을 교화하는 일이다.

불가사의국 보전법륜성
不可思議國에 **普轉法輪聲**과

원해소출성 수행묘음성
願海所出聲과 **修行妙音聲**이로다

불가사의한 국토에
법륜法輪을 널리 굴리는 소리와
서원의 바다에서 나는 소리와
수행하는 미묘한 음성이로다.

삼세일체불 출생제세계
三世一切佛이 **出生諸世界**하시니

명호개구족 음성무유진
名號皆具足하고 **音聲無有盡**이로다

삼세의 일체 부처님이
모든 세계에 출생하시니
명호가 다 구족하시고
음성이 다함이 없도다.

명호를 다 구족하였다는 것은 부처님의 덕화를 열 가지 이름으로 표현한 것인데 여래십호_{如來十號}를 일컫는다. 즉 여래_{如來}, 응공_{應供}, 정변지_{正徧知}, 명행족_{明行足}, 선서_{善逝}, 세간해_{世間解}, 무상사_{無上士}, 조어장부_{調御丈夫}, 천인사_{天人師}, 불_佛, 세존_{世尊} 등이다. 보통의 사람들도 그가 하는 역할이 많으면 그를 수식하고 표현하는 이름이 여러 개 따라다니는 것과 같다.

혹유찰중문   일체불력음
或有刹中聞   **一切佛力音**하니

지도급무량   여시법개연
地度及無量이여   **如是法皆演**이로다

혹 어떤 세계 가운데서

모든 부처님의 위신력의 음성 들으니

지위地位와 바라밀과 무량심無量心이라

이러한 법을 모두 연설하도다.

보 현 서 원 력
普賢誓願力으로

억 찰 연 묘 음
億刹演妙音하니

기 음 약 뢰 진
其音若雷震하야

주 겁 역 무 진
住劫亦無盡이로다

보현보살의 서원의 힘으로

억만 세계에서 아름다운 소리를 내니

그 소리 우레와 같아서

머무는 겁이 또한 다함이 없도다.

   화엄경으로 대표가 되는 불교는 그 결론이 곧 보현보살의 서원이다. 보현보살의 서원은 또 화엄경 80권을 지나서 마지막에 보현보살의 행원품으로 결론을 맺는다. 보현보살의 서원은 10대 서원이 있지만 그중에서 가장 중요한 것은 여기에서 밝힌 "보현보살의 서원의 힘으로 억만 세계에서 아름다운 소리를 내니 그 소리 우레와 같아서 머무는 겁이 또한 다함이 없도다."라고 한 진리의 가르침을 온 우주법계에 널리 그리고 오랫동안 전파하는 일이다.

> 불어청정국
> **佛於淸淨國**에
> 시방법계중
> **十方法界中**에
>
> 시현자재음
> **示現自在音**하시니
> 일체무불문
> **一切無不聞**이로다

부처님이 청정한 국토에서
자재한 음성을 나타내 보이시니
시방의 법계 가운데서
일체 대중들이 다 듣도다.

화엄경을 공부하는 일은 곧 가장 먼저 자기 자신에게 법공양을 올리는 일이며, 가장 먼저 자기 자신에게 화장장엄세계를 펼쳐 보이는 일이다. 나아가서 이와 같은 인생 일대 최고의 축제인 화엄경 공부를 가족과 함께하고 도반과 함께하고 이웃과 함께하고 인연 있는 모든 사람들과 함께한다

면 그것은 곧,

"부처님이 청정한 국토에서

자재한 음성을 나타내 보이시니

시방의 법계 가운데서

일체 대중들이 다 듣도다."

라고 한 내용 그대로다.

우리는 그동안 몇 천 억, 몇 만 억 광년 저 멀리까지 뻗어 있는 화장장엄세계를 관광하였다. 좀 지루하기도 하였으나 동서남북과 사유의 팔방과 하방과 상방까지 시방 전체를 매 층마다 살펴보았다. 그 무량무변하고 광대한 화장장엄세계를 어떻게 다 돌아볼 수 있었을까. 화장장엄세계가 비록 넓다고는 하지만 우리들 한 마음 안에 있기 때문이다.

필자는 화장세계품 첫 권 서두에 능엄경의 말씀을 이끌어 장대한 화장세계를 이해할 수 있는 열쇠를 제공하였다.

"허공이 대각大覺 가운데서 생기게 된 것이

마치 바다에서 물거품이 하나 일어난 듯하고

작은 먼지같이 무수한 유루有漏 국토들이

모두 허공을 의지하여 생겼도다.

물거품이 소멸하면 허공도 본래 없거늘

하물며 다시 삼유三有가 있겠는가?"

공생대각중　여해일구발
空生大覺中　如海一漚發

유루미진국　개의공소생
有漏微塵國　皆依空所生

구멸공본무　황부제삼유
漚滅空本無　況復諸三有

　그 넓고 넓은 화장세계는 드넓은 허공에 비교하면 태평양 바다에 떠 있는 작은 물거품이다. 또 허공은 대각大覺 가운데서 생긴 것이 다시 또 태평양바다의 작은 물거품에 비유된다. 사람 사람이 본래로 갖춘 대각大覺의 위대함이 이와 같은데 화장세계가 아무리 넓다 한들 이해 못할 까닭이 있겠는가.

　화장세계품 서두에서 권한 말이 있었다. "이 화장세계품을 칼 세이건의 『코스모스』라는 책과 함께 읽으면 아주 흥미로울 것이다."라고.

화장세계품 끝

〈제10권 끝〉

華嚴經 構成表

分次	周次		內容	品數	會次
舉果勸樂生信分 (信)	所信因果周		如來依正	世主妙嚴品 第一 如來現相品 第二 普賢三昧品 第三 世界成就品 第四 華藏世界品 第五 毘盧遮那品 第六	初會
修因契果生解分 (解)	差別因果周	差別因	十信	如來名號品 第七 四聖諦品 第八 光明覺品 第九 菩薩問明品 第十 淨行品 第十一 賢首品 第十二	二會
			十住	昇須彌山頂品 第十三 須彌頂上偈讚品 第十四 十住品 第十五 梵行品 第十六 初發心功德品 第十七 明法品 第十八	三會
			十行	昇夜摩天宮品 第十九 夜摩天宮偈讚品 第二十 十行品 第二十一 十無盡藏品 第二十二	四會
			十廻向	昇兜率天宮品 第二十三 兜率宮中偈讚品 第二十四 十廻向品 第二十五	五會
			十地	十地品 第二十六	六會
			等覺	十定品 第二十七 十通品 第二十八 十忍品 第二十九 阿僧祇品 第三十 如來壽量品 第三十一 菩薩住處品 第三十二	七會
		差別果	妙覺	佛不思議法品 第三十三 如來十身相海品 第三十四 如來隨好光明功德品 第三十五	
	平等因果周	平等因		普賢行品 第三十六	
		平等果		如來出現品 第三十七	
托法進修成行分 (行)	成行因果周		二千行門	離世間品 第三十八	八會
依人證入成德分 (證)	證入因果周		證果法門	入法界品 第三十九	九會

(資料：文殊經典研究會)

會場	放光別	會主	入定別	說法別舉
菩提場	遮那放齒光眉間光	普賢菩薩為會主	入毘盧藏身三昧	如來依正法
普光明殿	世尊放兩足輪光	文殊菩薩為會主	此會不入定．信未入位故	十信法
忉利天宮	世尊放兩足指光	法慧菩薩為會主	入無量方便三昧	十住法門
夜摩天宮	如來放兩足趺光	功德林菩薩為會主	入菩薩善思惟三昧	十行法門
兜率天宮	如來放兩膝輪光	金剛幢菩薩為會主	入菩薩智光三昧	十廻向法門
他化天宮	如來放眉間毫相光	金剛藏菩薩為會主	入菩薩大智慧光明三昧	十地法門
再會普光明殿	如來放眉間口光	如來為會主	入刹那際三昧	等妙覺法門
三會普光明殿	此會佛不放光．表行依解法依解光故	普賢菩薩為會主	入佛華莊嚴三昧	二千行門
祇陀園林	放眉間白毫光	如來善友為會主	入獅子頻申三昧	果法門

如天 無比

1943년 영덕에서 출생하였다. 1958년 출가하여 덕흥사, 불국사, 범어사를 거쳐 1964년 해인사 강원을 졸업하고 동국역경연수원에서 수학하였다. 10여 년 선원생활을 하고 1976년 탄허스님에게 화엄경을 수학하고 전법, 이후 통도사 강주, 범어사 강주, 은해사 승가대학원장, 대한불교조계종 교육원장, 동국역경원장, 동화사 한문불전승가대학원장 등을 역임하였다.

현재 부산 문수선원 문수경전연구회에서 150여 명의 스님과 250여 명의 재가 신도들에게 화엄경을 강의하고 있다. 또한 다음 카페 '염화실'(http://cafe.daum.net/yumhwasil)을 통해 '모든 사람을 부처님으로 받들어 섬김으로써 이 땅에 평화와 행복을 가져오게 한다.'는 인불사상(人佛思想)을 펼치고 있다.

저서로 『법화경 법문』, 『신금강경 강의』, 『직지 강설』(전 2권), 『법화경 강의』(전 2권), 『신심명 강의』, 『임제록 강설』, 『대승찬 강설』, 『유마경 강설』, 『당신은 부처님』, 『사람이 부처님이다』, 『이것이 간화선이다』, 『무비 스님과 함께하는 불교공부』, 『무비 스님의 증도가 강의』, 『일곱 번의 작별인사』, 무비 스님이 가려 뽑은 명구 100선 시리즈(전 4권) 등이 있고 편찬하고 번역한 책으로 『화엄경(한글)』(전 10권), 『화엄경(한문)』(전 4권), 『금강경 오가해』 등이 있다.

대방광불화엄경 강설 제10권

| 초판 1쇄 발행_ 2014년 7월 27일
| 초판 3쇄 발행_ 2018년 4월 4일

| 지은이_ 여천 무비(如天 無比)
| 펴낸이_ 오세룡
| 편집_ 박성화 손미숙 정선경 이연희
| 기획_ 최은영
| 디자인_ 고혜정 김효선 장혜정
| 홍보 마케팅_ 이주하
| 펴낸곳_ 담앤북스
　　　서울특별시 종로구 사직로8길 34 (내수동) 경희궁의 아침 3단지 926호
　　　대표전화 02)765-1251 전송 02)764-1251 전자우편 damnbooks@hanmail.net
　　　출판등록 제300-2011-115호
| ISBN　978-89-98946-30-2　04220

　　정가 14,000원

ⓒ 무비스님 2014